经理人下午茶系列 12

英明决策

《哈佛管理前沿》
《哈佛管理通讯》 编辑组 编

周 禹 译

商务印书馆
2007年·北京

Making Smart Decisions

Original work copyright © Harvard Business School Publishing Corporation.
Published by arrangement with Harvard Business School Press.

图书在版编目(CIP)数据

英明决策/《哈佛管理前沿》《哈佛管理通讯》编辑组编;周禹译. —北京:商务印书馆,2007
(经理人下午茶系列)
ISBN 978-7-100-05360-0

I. 英… II. ①哈…②周… III. 企业管理-经营决策 IV. F272.3

中国版本图书馆 CIP 数据核字(2006)第 163995 号

所有权利保留。
未经许可,不得以任何方式使用。

英 明 决 策

《哈佛管理前沿》《哈佛管理通讯》编辑组 编
周 禹 译

商 务 印 书 馆 出 版
(北京王府井大街36号 邮政编码 100710)
商 务 印 书 馆 发 行
北京瑞古冠中印刷厂印刷
ISBN 978-7-100-05360-0

2007年12月第1版　　开本 650×1000　1/16
2007年12月北京第1次印刷　印张 12
印数 5 000 册

定价: 25.00 元

商务印书馆—哈佛商学院出版公司经管图书翻译出版咨询委员会

（以姓氏笔画为序）

方晓光　　盖洛普（中国）咨询有限公司副董事长
王建铆　　中欧国际工商学院案例研究中心主任
卢昌崇　　东北财经大学工商管理学院院长
刘持金　　泛太平洋管理研究中心董事长
李维安　　南开大学商学院院长
陈国青　　清华大学经管学院常务副院长
陈欣章　　哈佛商学院出版公司国际部总经理
陈　儒　　中银国际基金管理公司执行总裁
忻　榕　　哈佛《商业评论》首任主编、总策划
赵曙明　　南京大学商学院院长
涂　平　　北京大学光华管理学院副院长
徐二明　　中国人民大学商学院院长
徐子健　　对外经济贸易大学副校长
David Goehring　哈佛商学院出版社社长

致中国读者

哈佛商学院经管图书简体中文版的出版使我十分高兴。2003年冬天，中国出版界朋友的到访，给我留下十分深刻的印象。当时，我们谈了许多，我向他们全面介绍了哈佛商学院和哈佛商学院出版公司，也安排他们去了我们的课堂。从与他们的交谈中，我了解到中国出版集团旗下的商务印书馆，是一个历史悠久、使命感很强的出版机构。后来，我从我的母亲那里了解到更多的情况。她告诉我，商务印书馆很有名，她在中学、大学里念过的书，大多都是由商务印书馆出版的。联想到与中国出版界朋友们的交流，我对商务印书馆产生了由衷的敬意，并为后来我们达成合作协议、成为战略合作伙伴而深感自豪。

哈佛商学院是一所具有高度使命感的商学院，以培养杰出商界领袖为宗旨。作为哈佛商学院的四大部门之一，哈佛商学院出版公司延续着哈佛商学院的使命，致力于改善管理实践。迄今，我们已出版了大量具有突破性管理理念的图书，我们的许多作者都是世界著名的职业经理人和学者，这些图书在美国乃至全球都已产生了重大影响。我相信这些优秀的管理图书，通过商务印书馆的翻译出版，也会服务于中国的职业经理人和中国的管理实践。

20多年前,我结束了学生生涯,离开哈佛商学院的校园走向社会。哈佛商学院的出版物给了我很多知识和力量,对我的职业生涯产生过许多重要影响。我希望中国的读者也喜欢这些图书,并将从中获取的知识运用于自己的职业发展和管理实践。过去哈佛商学院的出版物曾给了我许多帮助,今天,作为哈佛商学院出版公司的首席执行官,我有一种更强烈的使命感,即出版更多更好的读物,以服务于包括中国读者在内的职业经理人。

在这么短的时间内,翻译出版这一系列图书,不是一件容易的事情。我对所有参与这项翻译出版工作的商务印书馆的工作人员,以及我们的译者,表示诚挚的谢意。没有他们的努力,这一切都是不可能的。

哈佛商学院出版公司总裁兼首席执行官

万季美

目录

前言 ……………………………………………… 001

第一部分　使用正确的决策过程　　　　　　　017

1. 决策者如何解决问题　　　　　　洛伦·加里　018
2. 采用实际选择法提升项目规划　费边·德索扎　028
3. 涉及棘手的伦理问题时，如何作决策　　　　038
　　　　　　　　　　　　　　杰弗里·L.赛格林
4. 让合适的人进行合适的决策　彼得·雅各布斯　046

第二部分　应用有效的决策策略　　　　　　　055

1. 增加正确决策的几率——保罗·纳特访谈录
　　　　　　　　　　　　劳伦·凯勒·约翰逊　056
2. 你将面对哪些风险　亚德里安·斯莱沃斯基　066
3. 领导者应该知道什么　　　　保罗·米歇尔曼　074
4. 沟通——考验你的决策　　　　　尼克·摩根　086
5. 克服防御型推理——克里斯·阿吉里斯的
　　访谈录　　　　　　　劳伦·凯勒·约翰逊　098
6. 更好地决策——控制好你的"蜥蜴脑"
　　　　　　　　　　　　　　　　洛伦·加里　108

目录

第三部分 克服认知偏见　　113

1. 认知偏见——决策过程中的系统性错误
　　　　　　　　　　　　洛伦·加里　　114
2. 日常战略规划中的认知偏见　　洛伦·加里　　126
3. 我们为什么会作出错误的决策　　约翰·金策　　136
4. 好数据何以导致坏决定　　戴维·斯托弗　　146

第四部分 发挥直觉的作用　　159

1. 管理直觉——应该在多大程度上相信它
　　　　　　　　　　　　戴维·斯托弗　　160
2. 毫不犹豫地决策——与安迪·格鲁夫的对话　　172

作者简介　　182

前　言

作为一名经理人,你面对的是接连不断需要决策的问题。例如,从那些优秀的应聘者中挑选谁做你的部下?应该如何解决错误履行订单(order-fulfillment)而带来的棘手问题呢?你是采取品牌扩张(brand extension)策略重振某种成熟的产品,还是采取其他完全不同的行动方案呢?你什么时候停止考察潜在供应商,并从中选择一家中意的供应商呢?

对于组织各个层面的经理和管理者来说,决策制定过程中面临的挑战越来越大,这引起了人们广泛的关注。当今世界快速的变革步伐和利润驱动下的巨大压力迫使经理们在搜集到全部所需信息之前,就必须采取行动。

同时,经理们现在作出错误决策所带来的危害远比以往任何时候都要高。采取错误的产品策略将导致公司的声誉下降以及收益下跌;聘用不合适的人员,会严重影响团队的士气及生产率。由错误的起点出发必将导致公司运营的低效,错误和挫折也会随之增加。

与此形成鲜明对比的是,当作出明智的决策时,你就可以为公司带来巨大的价值。一个完善的品牌推广战略将帮助组织获得更大的市场份额,挑选精干人员加入你的项目团队将确保任务在预算范围内按期完成。恰当地选择供应商意味着你的采购策略会为公司带来可观的收益:更低的成本、更有效的方法和给经理人腾出更多时间来处理战略而非日常管理的事务。

明智的选择带来丰厚的收益

作出明智决策的益处是显而易见的,这样能帮助公司实现创新、提高效率并将竞争对手远远抛在身后。但是为了获得这些好处,你必须探索如何在当前经理都必须面对的约束条件下开展工作的方式。这意味着在你的决策制定过程中必须使用战略方法(strategic approach)。例如,现在有很多实践证明是可靠的(tried-and-true)决策程序,你必须从中选择一个最符合公司当前情况的。一个对编制项目计划有效的决策程序,如果在实施过程中采取强硬措施,其产生的结果可能会大相径庭。

此外,制定每项决策都会面临一定的风险:你组织了一个优秀的项目团队,在项目的关键时刻,团队的核心成员却因为健康原因而退出;你为公司采购选择了一名供货商,却发现这家公司提供的服务与你的预期相去甚远;你启动了一次规模空前的营销活动,结果却

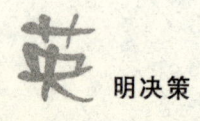

发现顾客已经改变了对你们公司和行业的产品需求观念。因此,战略决策必须包含对你所考虑的各种选择内在风险的敏锐判断力和对各种风险应对措施的有效性的评价。

另外,你需要了解作决策时应该如何处理信息。信息的处理方式包括确认哪些信息跟你有关,哪些信息可以忽略不计。评估信息的关联性可以帮助你避免"信息超载"(Information Overload)。有效处理信息也意味着要从合适的人那里获得正确的信息输入——这样你就能最全面地了解你的选择范围并清楚地认识各种选择的潜在风险及回报。

在处理信息时,一定要注意避免"认知偏见"(cognitive biases),因为即便是经验丰富的经理也很容易犯这样的错误。认知偏见主要表现在:经理对决策的消极结果不予重视,过于相信自己搜集到的第一手数据,作决策时过于依赖以前的经验和对自己的判断过于自信。尽管我们很想相信决策制定是一个完全理性的过程,但是,实际上它并不是完全理性的——原因就在于这些经常发生的心理偏见。

在制定明智决策的过程中,沟通也发挥着重要作用。例如,向公司其他成员解释你作出这种选择的根本原因,这样做可以帮助你发现和纠正想法当中的错误。虚心听取反对意见,能够使你了解决策的利益相关者——那些能从你的决策中获益的人,或是那些因为你的决策影响了他们自身利益的人之间的利害关系。通过了解利益相关者之间的利害关系,并在作决策时进行充分考虑,将会使你的想法获得大家更多的支持。

为了进一步加强制定战略决策的能力,你需要辅以直觉——这是一种让你"了解某些事情但又不清楚你为何知道这些事情"的神秘功能。尽管大多数人对此不以为然,但是直觉还是在作出明智决策的过程中发挥了重要作用。不过,如果你想有效运用直觉的话,就必须清楚哪些类型的决策适宜运用直觉判断,确认直觉的可靠性,并且在缺乏信息和信息难以理解的情况下,先放大你的"直观感应"再作出最终决策。

由于社会变化步伐的加快以及经理们作出明智决策的压力日益增加,决策制定也随之变得越来越有挑战性。但是通过采用战略方法制定决策,你就能消除决策选择中的不确定性,为你的公司、你的职业生涯和你的同行及雇员创造更多的价值。

本书介绍了一些可以帮助你作出明智决策的有效工具和技术——着重说明了如何选择和使用恰当的决策制定程序,如何运用决策制定策略,如何克服认知偏见,以及如何在决策制定过程中有效运用你的直觉。以下是本书四个章节的内容简介。

使用正确的决策过程

决策制定程序有很多种,你该如何作出正确的选择呢?本章分析了经理们目前面临的各种情况——从最基本的商业决策和项目管理到比较复杂的道德选择和决定谁有权作哪些决策,并提出了如何选择相应决策程序的一些建议。

在文章"决策者如何解决问题"(*Problem Solving for Decision Making*)中,商业作家洛伦·加里(Loren Gary)总结了制定日常商业决策的六个基本步骤:1.确定问题。全面分析你需要解决的问题的成因。例如,是什么因素使得一个成功产品的销量下滑?2.确定标准。确定当前决策需要达到的目标。你是否想提升产品销量?提高市场份额?提高收益率?3.权衡标准。确定哪个目标是最重要的?给这些目标分别赋值,以此显示出它们的相对重要程度。4.制定备选方案。通过头脑风暴法(brainstorm),获得大量能够帮助你达到既定目标的备选方案。5.使用各项标准评估每种备选方案。衡量各种备选方案能够在多大程度上符合你的每一项核心标准?并给每个方案打分以显示它们的相对效力。6.确定最佳决策。将每个备选方案经各项标准测量的有效性的分值加总,你就可以得到该方案总的效力分值,其中得分最高的方案就是最合理的选择。

在"采用实际选择法提升项目规划"一文中,管理咨询师费边·德索扎(Fabian D'Souza)将谈论重点由基本的商业决策转向了项目管理中的明智决策。在许多项目的执行过程中,经理们必须在项目的转折点上作出重要的决策选择。德索扎向我们说明了如何使用"决策树"(decision trees)的方法在这些关键时刻作出最明智的选择。例如,你的项目包含引进新技术这项内容,这一项目规划中的早期转折点将会引发以下问题:是以较低的成本花较长的时间自主开发这项新技术,还是以较高的成本现在购买这项新技术呢?通过"决策树"的方法,你可以分析每个备选方案可能产生的结果,然后估计每个结果能够实现目标的概率。你必须仔细斟酌这些可能的结果,然后根据你的商业目标从中进行合适的选择。

除了基本商业决策和项目管理选择之外,你还需要在决策过程中对伦理意蕴(ethical implication)保持审慎。例如,你应不应该接受供应商送的篮球比赛门票呢?你是否应该告诉一个正向你征求投资理财意见的雇员,他即将下岗?在提供参考时却不发布相关信息?在"涉及棘手的伦理问题时,如何作决策"一文中,艾默生学院(Emerson College)的杰弗里·赛格林(Jeffrey Seglin)教授建议经理们在作决策时,应该先问自己六个问题,以确定自己所作的是否是伦理决策(ethical decision):1.为什么这项决策让你感到烦恼?2.还有没有其他人跟这项决策有关?3.作这项决策是不是你的职责?4.应该考虑哪些道德因素?5.其他人是怎么想的?6.这是真实的你吗?

有时候,决策的核心任务是确定让谁来制定该项决策。在"让合适的人进行合适的决策"(Put the Right Decisions in the Right Hands)这一节中,商业作家彼得·雅各布斯(Peter Jacobs)设计了一套分配决策权的方法:1.查看近期组织的决策权是如何分配的。检查那些决策制定权的"掌管者"是否掌握了足以让他们作出明智决策的信息?如果没有,考虑重新分配决策权。2.在决策制定过程中,保持集权与分权的平衡状态。在制定决策时,应考虑到所有重要的利益相关者,但是也不要让太多的人参与决策制定,因为这样反而会使决策效率变得更低。3.让每个人都知道谁有权作哪项决策。4.如果一个好的决策程序导致了一个坏的结果,不要急于责备决策制定者,因为重新分配决策权需要深思熟虑。这时不应该谴责,而是应该查找到底哪个地方出错了——在下次作决策时注意防范。

应用有效的决策策略

这一章节中的文章主要聚焦于一些具体的决策策

略,这些策略有助于提高经理们的决策效果。其中,第一篇文章是商业作家劳伦·凯勒·约翰逊(Lauren Keller Johnson)的"增加正确决策的几率——保罗·纳特访谈录"(Debriefing Paul Nutt: Increase the Odds of Being Right)。纳特在他的《决策为什么会失败》(Why Decisions Fail)一书中提到了提高决策效果的一项有效措施:扩大每项决策中可供选择的备选方案的范围。通过扩大选择范围,你可以避免一种最普遍的错误:人们通常会抓住第一个出现的看上去比较令人满意的解决方案不放。为了鼓励产生更多的备选方案,还可以尝试创建一种"安全空间",在这一空间中你和决策利益相关者可以自由地进行思想上的交流,而不必互相揣测对方的意图。同时要对过去的决策进行研究,分析它们成功或失败的原因,提醒自己:"在哪些方面我错失了创造额外备选方案的机会?在未来的决策中该如何避免这种错误?"

但是扩大备选方案的范围仅仅是提升决策的一种手段。另外,在评价各种选择方案时,你还必须对方案本身的风险性进行评估。管理顾问亚德里安·斯莱沃斯基(Adrian Slywotzky)在"你将面对哪些风险"(What Are the Risks You Should Be Taking)一文中提出了一些可以用于评估决策风险的策略。根据斯莱沃斯基的观点,许多经理在进行商业决策时忽略了"战略风险"(Strategic Risk)。战略风险的例子包括:顾客偏

好的改变导致公司所提供的产品与服务不再被市场接受；新技术的诞生，冲击了公司现有的产品；恶性事件的发生，导致了公司品牌与声誉的下降；一个新型竞争对手的出现，导致了公司目前的商业运作模式开始变得陈旧等。斯莱沃斯基就如何克服这些风险提出了一系列的建议。例如，利用公司现有的资产与客户关系开发新的业务；或者发挥专有信息的作用，将你的公司与其他竞争对手区别开来。

另一个有用的决策策略就是：当你考虑各种不同的行动方案时，对手头现有的资料进行有效的评价。商业编辑保罗·米歇尔曼（Paul Michelman）就"领导者应该知道什么"提出了三条指导原则：1.确保从那些最合适并且能够提供有用观点的人那里获取信息——尽管有时候很难获取这样的信息，而且即使获得了，也可能与已有的信息相冲突。2.理解你所在组织与部门的文化、价值观和历史——确保你作出相关决策以后，能够获得其他人的包容和支持。3.对自己进行剖析，发现自己的长处与不足。那些缺乏自知之明的领导者通常会误解并滥用有关决策的现有数据。

商业作家尼克·摩根（Nick Morgan）在他的文章"沟通——考验你的决策"（Put Your Decision to the Test: Communicate）中就如何提高你的决策技能提供了一些额外的建议。例如，不要在其他人的压力下，迫使自己进行决策；而应该在自己作好充分准备的情况下再作出决定。即使外部情况迫使你必须作出决策，也应该确保自己有足够多的选择，并且决策的时间要尽可能地长。此外，还应该把一些重大的决策分解成一些小的、易于控制的子决策。比如说，如果你想要决定是否搬家或者接受一项新工作，那么请不要直截了当地作出承诺（搬或者不搬），以避免后悔；而是应该事先安排一星期左右的时间去了解一下这座新城镇，去感受一下它的商业氛围以及了解一下它能够为你提供什么。此外，确保你的决策时间足够的长以至于你可以采取一系列更小的、更容易管理的决策步骤。

在"克服防御型推理——克里斯·阿吉里斯的访谈录"（Debriefing Chris Argyris：Combating Defensive reasoning）这篇文章中，劳伦·凯勒·约翰逊（Lauren Keller Johnson）总结了这位哈佛商学院的名誉教授关于有效沟通是如何帮助你进行精明决策的一些观点。阿吉里斯认为，许多经理之所以会作出不良决策或者干脆避免作决策主要是因为他们担心会因此而使得自己、老板或同事，或者他们所在的组织陷入困境。避免这种错误的一种有效方法就是：当你要求其他人对你正在考虑的决策作出评价时，在提倡自己主张的同时也要保持一种质疑的态度。例如，"这就是我主张开拓这个新市场的原因。那么你如何评价我的这种主张呢？你是不是发现我漏掉了一些本该考虑的因素呢？并且请告诉我你为什么会考虑开拓另外一个市场呢？"

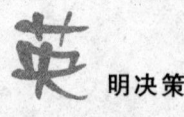

本章最后一篇文章是洛伦·加里(Loren Gary)的"更好地决策——控制好你的'蜥蜴脑'"(Better Decisions? Keep Your "Lizard Brain" in Check),文章就如何提高决策技能向经理们提供了额外的五条策略:1. 如果面临的决策很简单,不妨假设你只有几分钟的时间来确定采取哪一种行动;如果是一个比较复杂的决策,不妨多给自己一些时间。2. 评估一下你的决策将会如何影响公司的经营运作、生产率以及相关业务的其他方面。3. 如果你对这项决策的过程本身感到迷惑,那么找一位值得信赖的同事就决策过程进行有关的讨论。4. 如果考虑过长时间会导致你的最佳选择消失的话,那么请停止思考并作出最终的决策。5. 当一次面对多个令人迷惑的决策时,请赋予那些群体成员一致通过的问题以最高的解决优先权。

克服决策中的认知偏见

在进行决策时,所有的经理都有可能陷入认知偏见(cognitive bias)的陷阱——思维过程中经常出现的一些错误。这一部分主要描述了一些常见的认知偏见,并就如何识别和避免它们提供了相应的建议。

第一篇文章是洛伦·加里的"认知偏见——决策过程中的系统性错误"(Cognitive Bias—Systematic Errors in Decision Making），在这篇文章中，作者向我们介绍了一些典型的认知偏见并就如何克服它们提出了一些建议。例如，在决策中，我们往往会受到那些栩栩如生的、最近发生的并且很容易追溯的信息的影响，因此我们就有可能因为忽略了一些同等重要的其他信息而导致错误的决策。如何克服这种特殊的偏见呢？你不妨在考虑决策选择时问自己一个这样的问题：你是否已经考虑了所有的相关信息？我们同样倾向于为我们已经作出的决策寻找相关的确认性的信息——这种行为同样会使我们误入歧途，恰恰相反，我们更应该积极搜集那些与结论不一致的信息，只有这样才能确保我们从不同的角度来考察我们的决策。

在"日常战略规划中的认知偏见"（Cognitive Bias in Everyday Strategic Planning）一文中，加里还向我们说明了当经理们进行重要的商业决策时，认知偏见是如何发挥作用的。举例来说，那些正在考虑进行战略联盟的经理通常会成为"可得性直觉"（availability heuristic）的受害者——因为他们认为那些最容易获得的信息就是与决策最相关的，所以他们在进行新的战略联盟的决策时会借鉴最近那些成功决策的经验，他们认为他们以前选择的组织结构同样也适用于新一轮的战略联盟。但是战略联盟在复杂性上各不相同，从简单的市场合作一直到员工的共同分享（即员工在联盟内部不同的公司之间自由地流动，译者注），因此最近

一次成功战略联盟的组织架构并不一定完全适用于接下来的战略联盟。

新闻记者约翰·金策(John Hintze)在他的文章"我们为什么会作出错误的决策"(Why Do We Make Bad Decisions)中向我们介绍了另外几种类型的认知偏见。例如,一旦我们对某种行动作出了积极的、公开的承诺,那么相比于承诺以前来说,我们通常会认为这种选择更有价值。由于这个原因,我们对于那些暗示我们的选择并不是最佳方案的信息充耳不闻。为了克服这些偏见,我们应该对自己的决策过程进行例行性的审核,力求避免一系列常见的错误。此外,还应该开发一系列对应的措施以提高自己独立思考的能力,例如,一旦你确认了某种行动方案,请不要急于采取相应的行动,而是在接下来的几天中不再考虑这一方案,对比一下几天以后你是否还有同样的想法。

本章最后一篇文章是"好数据何以导致坏决定"(How Good Data Leads to Bad Decision)。在这篇文章中,商业作家戴维·斯托弗(David Stauffer)详尽地阐述了一种特别棘手的认知偏见:在决策时过度依赖历史先例的倾向。要想克服这种偏见,可以参考以下这些策略:1.交叉核查每一个你能够想到的先例,弄清楚它在多大程度上与当前的决策相关。2.如果想到的这个历史先例在你所在的组织中被广泛地接受以至于它不会受到质疑,那么请仔细地研究直到搞清楚它是否像你想象中那样与当前的决策相关。3.鼓励其他人挑战和质疑你对于历史先例的那些想法。4.永远不要仅仅依靠历史先例来进行决策。5.开发一套规范化的程序,用于评估历史先例的相关性从而推动决策继续进行。

发挥直觉的作用

　　有时候你知道某些事情但是你却不知道是如何知道它的,直觉便是一种这样的能力,它可以提高你的决策质量。尽管如此,采取某些特定的步骤也有助于提高直觉的可靠性。比如,你在进行直觉决策时可以借助于客观的数据作为参考。

　　戴维·斯托弗在"管理直觉——应该在多大程度上相信它"(Your Managerial Intuition: How Much Should You Trust It?)这一节中详细阐述了有助于提高直觉能力的一系列实践活动。他认为,在目前的商业决策中,直觉发挥了日益重要的作用。为什么呢?外部环境的快速变化、转瞬即逝的商业机会使得经理们缺乏足够的时间对他们的选择进行从容不迫的分析。在现有信息不充分的情况下,直觉有助于你处理那些时间紧迫的决策。然而,当你具有某个特定领域的专业知识时,直觉将会变得更加有用。由于这一原

因，所以在某个既定领域获得更多的经验以提高相应的专业知识就显得至关重要。此外，集中注意力并使自己感到舒适同样有助于你获得直觉的"火花"。养成记日记的习惯有助于记录你在产生直觉思维时的思想状态的变化，例如，经过一段时间以后，日记会帮助你从那些仅仅是来自担忧和恐惧的想法中整理出直觉思想的"火花"。最后，与一位无偏见的专家或朋友讨论你的选择和偏好，从而检验你的直觉感觉是否正确。

在本书的最后一篇文章"毫不犹豫地决策"（Decisions Don't Wait）中，英特尔公司的主席，同时也是公司创建者之一的安迪·格鲁夫（Andrew Grove）与哈佛商学院教授克雷顿·克里斯汀森（Clayton Christensen）以及商业编辑沃尔特·基切尔（Walter Kiechel）分享了他有关直觉决策的观点。格鲁夫认为，大多数的经理高估了基于数据的纯理性决策的作用，而忽略了直觉选择的效用。他还认为，直觉是帮助经理们识别"做什么"——而数据则帮助他们确定"如何才能做好"。因此，直觉和数据都是必须的。同时他还宣称：你越是胜任、越是了解你的业务，那么在进行直觉决策时就越有信心。

* * *

通常情况下，人们很难作出明智的决策。但是通过采用本书介绍的这些方法与技术，你可以极大地提高进行正确选择的概率——公司也因此会获得巨大的

收益。当你阅读后面的文章时,请记住以下这些问题:

➤ 通常,你采用哪种决策程序来制定基本的商业决策、管理项目和处理棘手的决策道德问题呢?如果对决策的质量感到不满意的话,你会采取哪些步骤来提升决策过程呢?

➤ 你所在的团体如何分配决策权限呢?决策制定者有足够的信息来承担这项重要的责任吗?如果没有,你会采取哪些措施来改变决策权限的分配呢?

➤ 在制定决策时,你会采取哪些手段以尽可能的扩大备选方案的范围?你可以通过哪些方式来提高这项技能?

➤ 当进行一项决策时,你如何衡量某个特定的选择所包含的风险呢?你会考虑战略风险吗——比如不断变化的顾客偏好、一个新型竞争对手的出现、先进的新技术以及一些潜在而致命的失误等?

➤ 当进行决策时,你能够搜集到足够大的数据样本而不仅仅是股东们的意见和观点吗?如果不能的话,你应该怎样利用这些方法来达到一个更好的效果?

➤ 你最容易产生哪些认知偏见?可以采取哪些措施来避免这些偏见的产生?

➤ 你在多大程度上使用直觉来进行决策?你可以采取哪些措施来使直觉变得更加可靠?

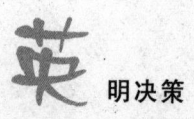

第一部分

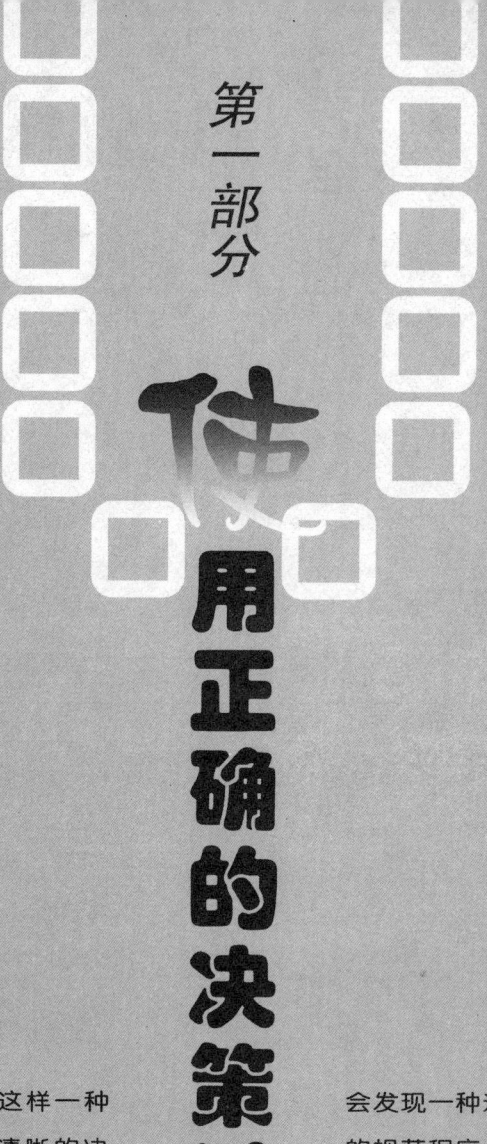

使用正确的决策过程

每个人都会同意这样一种观点：使用一个规范、清晰的决策过程有助于作出有效的决策。但是面对众多可行的决策过程，你究竟该如何选择呢？以下几篇文章将针对这些决策过程进行具体的描述，它们可以帮助经理们解决日常工作中可能会碰到的那些管理问题。

通过本部分几篇文章的阅读，你将会发现一种进行基本商业决策的规范程序，例如：在项目启动之前如何选择正确的实施方案，或者在面临严酷的道德问题时如何进行艰难的决策等；同时，你还会发现一个用于指导分配决策权限的方法——这一技术有助于确定在你所负责的团队、部门或者公司中，谁具有何种权限来制定何种决策。

1. 决策者如何解决问题

洛伦·加里

1. 决策者如何解决问题

洛伦·加里

假设你是一家公司美味快餐食品部的品牌经理,你们的芝麻快餐类食品在市场上经历了多年的辉煌之后,产品开始进入成熟期,销售也开始走下坡路,因此有人提出了品牌扩展计划,那么,你将如何决定是否应该采取该行动呢?

或者,假设你为一家准备扩张业务的电脑连锁店工作,而你的任务就是为新店选址。你的团队正在讨论这个问题,并建议了很多不同的地点,那么,这时候你该如何判断何时停止寻找并开始进行新址筛选呢?

以上情形都突出地说明了解决问题已经成为经理工作的核心任务。而且,在团队工作的时代,经理们不会也不可能独自解决问题,他们必须按照一定的经营原则办事,这些原则将使得团队成员能够大体界定问题并就其最有效的解决方式达成一致。然而,尽管这些都是很基本的方法,但是许多组织却没有利用它们来达成解决问题的最佳方案。从复杂变革管理的经常性失败,到更为常见的局部经营问题"解决方案"的中止,如新产品的开发和市场推广或者某一品牌的经营权或业务的扩展,这些都是最为典型的例子。

实际上,基本思考能力的缺乏广泛存在于各类组织之中。比如,克莱斯勒(Chrysler)汽车公司已经开始对申请汽车组装流水线上的职位的人进行筛选,以了解他们是否具备解决问题的能力。在学校里,"约翰为什么不会思考?"这一问题已同"约翰为什么不会阅读?"一样重要,高等学府中一直在设计教授基本思考能力以及深入思考能力的课程。例如,在纽约的"认知研究信任思维项目"机构中,一种基本的方法就是找出可应用于解决任何问题的简单公式;而在索诺马州立大学(Sonoma State University)的"判断思考中心",教员们都必须接受培训,以便使自己成为清晰、精密、准确、中肯、一致和深邃等能力的榜样,因为该校认为,学生要学习这些能力必须通过与能够表现这些能力的人打交道。

仔细界定问题
有助于
问题的圆满解决

但公司不可能等待教育界的改革成效慢慢向员工队伍渗透。所以,文章后续部分为经理们提供了关于如何进行基本商业决策的六个步骤,以及来自处理管

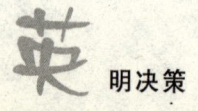

理问题的高手——通用电气公司(General Electric)的某些真知灼见。

以下这个六步骤模型来自于马克斯·贝泽曼(Max Bazerman)所著的《管理决策判断》(*Judgment in Managerial Decision Making*)一书——贝泽曼是西北大学凯洛格管理研究生院的杰伊·格伯优秀教授(J. Jay Gerber Distinguished Professor),他在该学院教授"组织与处理争端"课程。他所提供的这个模型可视为一个规范性的模型,因为该模型以一种完全理性的方法设计出了最佳的决策途径。当然,现实世界中的决策常常不符合这种纯理性的理想境界,但是考虑到工作场所可能存在一些障碍会妨碍判断性思考和问题的解决,所以本文提醒(或介绍)一些最理想的问题解决方式无疑会对经理们有所帮助。正如贝泽曼所说,即使没有任何别的作用,规范的方法也可以帮助你确信自己提出的问题是正确的。

界定问题

界定问题或者指出问题的精要所在也许是解决问题最重要的一步——因为如果没有其他原因,这将是绝大多数经理和团队最容易误入歧途的地方。贝泽曼承认:"我们对于问题界定的了解要少于对决策错误与偏见的了解。"不过,有一些错误是显而易见的。比如,根据建议的解决方案来界定问题,在上述美食品牌的例子中,过早地将注意力集中于品牌扩展计划可能会妨碍对那些影响品牌当前健康发展的因素进行更基本、更广泛的分析;另一种错误是根据问题的情况分析问题,例如对品牌销售萎靡不振的过早处理可能会误导人们进行新的广告行动,但是如果症状实际上是由分销网络引发的,那些广告开销就会白白浪费。因此,贝泽曼警告说:"对于出现的问题,我们常常是马上作出反应,而实际上这些问题并不是应该予以强调的问题。"所以,不要让问题的表面症状或建议的解决方案妨碍了你揭示出真正的问题关键所在。

确定标准

绝大多数经理在作决策时希望达到的目标都不止一个。例如在电脑连锁店的例子中,对新店地址的选择取决于多种因素,如商业出租场所的价位高低、是否具备接受过充分培训的劳动力、与现有各分销中心的距离远近、顾客的便利程度以及对某一城市或社区销售潜力的市场研究结果等等。

对标准进行加权处理

相关标准的重要程度可能会随时改变,所以,标准一旦确定下来,就应该立即进行加权处理,也就是根据各个标准的相对重要性赋予一个数值。在上面的例子中,如果认为销售潜力和租金成本的重要性比与现有某分销中心距离远近的重要性高出五倍,那么这些差别就应该分别通过赋予标准不同的加权值以便进行量化处理。

确定备选方案

贝泽曼在他的书中写道:"人们在确定备选方案时通常花费过多的时间,而且只有当搜寻成本超过新增信息的价值时,人们才会停止对各种新方案的搜寻。"当然,有时候在看到事实之前,也就是说在信息被收集起来并加以分析之前,人们并不知道新增信息的价值。尽管如此,仍然应该利用事先确定的各个标准的加权值来指导你对选择方案的搜寻。再回到连锁店选址的例子上,你要注意将时间用在能够使销售潜力最大化并同时使租金成本最低化的选择方案上。

用各项标准逐一评估每一种备选方案

确定每一种备选方案能够在多大程度上满足各项既定标准的要求，这一过程通常要涉及到对未来形势的预测，而这种预测从来就不是一件轻而易举的事。而在本文所介绍的这一纯理性的模型中，每一种备选方案的潜在后果都被仔细地加以评估并被赋予相对的数值。

确定最佳决策方案

如果前五个步骤都准确无误的话，那么最后一个步骤就水到渠成了。对于每一种备选方案，我们都会把每一项标准的预期值乘以该标准的相对权数，然后汇总相加得出该方案的总分，其中得分最高的方案就是最为合理的选择。

团队如何解决问题

在前一部分，我们已经详细描述了个人决策的六步骤模型。贝泽曼还指出，只要略加修改，该模型也完全适用于团队决策。例如，他解释说："在团队环境中，对问题的界定常常是多重性的。尽管这一步可能要多花些时间，但是在尝试寻找备选方案之前就问题界定达成一致是非常重要的。"而且，权力因素会以相当强的力量介入团队事务，因为那些圆滑的玩弄权术的人经常会试图按照他们对问题的界定来操纵议事日程。因此，对某一特定问题的界定依据进行衡量，即从界定人的角度及其潜在利益进行估计，就变得更加重要了。

在团队环境中，实施与评估决策过程也变得更加关键。通用电气公司纽约克罗通维尔分部（Crotonville）负责高级经理培训的史蒂夫·默瑟（Steve Mercer）说："我们用到的所有的问题解决方法最终可以归结为两种。"他简单描述了其中的一种方法，这种方法的主要内容包括界定问题、分析问题并采取即时行动控制问题使危害性减至最小、核实问题的原因、确认需要采取哪些行动、实施这些行动、然后再按原顺序重来一遍，以确保问题不再发生。

通用电气公司坚决反对一种方法能够解决所有问题这一说法。默瑟介绍说，"在公司层面，我们努力避免为公司的业务限定模式化的流程，因为那样会造成流程的盲目套用。但是适合于我们某个制造业务的这些流程也许完全不适用于'通用资本公司'（GE Capital）。所以，我们在高级经理培训中，最可能的做法就是为学员介绍五种或六种不同的问题解决方法,但我们不会特别推荐其中任何一种模式。相反,我们会把问题决策课程交给各业务领域的培训与发展部门去做,我们的目标是指导各部门制定出对其业务最有价值的流程。"

研究表明,在实际的管理决策中,经理们需要平均每九分钟就进行一项决策工作,因此他们不能如此奢侈地将时间花在认真思考上。诺贝尔奖获得者赫尔伯特·西蒙(Herbert Simon)已经证明,在这种情形下,纯理性的判断已经受到时间和成本限定因素的束缚,这些时间和成本的因素限制了可利用的信息的质量与数量。同时,纯理性的判断也受到决策者的错误理解和动机偏见的束缚。换句话说,经理会不按照理论模型去作最佳决策,而是"得过且过"。正如贝泽曼在书中写到的一样:"他们寻找解决方案,直至发现某个能够勉强实现可以接受的业绩水平的方案为止。"

在现实世界中,经理们必须在形势不明朗以及总是存在时间与任务压力的情况下作出决策。但是,本文讲述的这种纯理性、规范性的决策方法,可以为经理们理解如何进行最佳判断以及什么时候可能具备那种意愿和时间提供某些基础性的概念。

参考阅读

Judgment in Managerial Decision Making by Max Bazerman (4th ed., 1998, John Wiley & Sons)

2. 采用实际选择法提升项目规划

费边·德蒙扎

2. 采用实际选择法提升项目规划

费边·德索扎

多年来,学术界和咨询界一直吹捧实际选择评估法(ROV, Real Options Valuation)可以作为提高项目决策的一种手段。然而迄今为止,作为一种规划工具,ROV并没有被广泛采用。许多项目经理都感到担心:经常被用于评估实际选择的Black-Scholes方程(一种时间序列模型)是那么深奥,以至于要求增加昂贵的软件和一支经过特别训练的项目融资专家队伍。

但是,Black-Scholes模型并不是唯一可用的评价工具。通常,一套常用的决策树模型就能够处理项目进行过程中出现的许多突发事件。当作为一种战略规划工具的时候,决策分析有助于经理们解决诸如如何分配资源以确保工程符合特定期限以及何时追加或延迟投资、何时退出项目等问题。

根据不确定性的水平与类型选择评估工具

就像股票期权赋予了期权持有者在未来一个特定的时间或者以某个特定的价格购买股票一样,实际选择法(real options)同样赋予了经理们一套固定的关于资本投资的选择方法,他们必须随着商业状况的变化来作出这些选择。以这种方法为指导,可以确保经理们能够考虑各种突发的情况,并根据这些情况制定相应的对策和规划相应的投资,最终作出最佳决策。与分析财务决策的传统公式净现值(net present value, NPV)相比,ROV具有明显的优势。

净现值公式假定环境具有较低的不确定性:市场情况是已知的,项目实施的成本是可预见的,所涉及的技术是可靠的,赢得必要管理支持的机会是有利的。对于经理们来说,不管存不存在不确定性,都不足以进行提前预期以改变相应的战略规划并对最后的产出结果负责。所有的选择都是在现有信息的基础上作出的,对计划内投资的现金流进行净现值评估只能导致两种结果中的一种:继续或是退出。

然而,绝大多数的商业决策并不是一成不变的。相反,这些战略规划随着环境不确定性的增减而不断

发生变化。通过赋予每项不确定性一个特定的值，ROV 就能够使决策者根据时间的变化对风险进行估计并作出反应——特别是在一个价格不断变幻、利率频繁波动、顾客口味随时改变和新兴技术纷至沓来的世界里，这种方法是相当有用的。

在你负责管理的项目中，你是否能够随着外界不确定性的改变而调整投资和资源分配决策呢？如果可以，那么 ROV 将会在引导你进行战略规划的决策过程中起到重要的作用。还有另外一个问题能够帮助你确定在 ROV 分析过程中使用决策树是否合适。这个问题就是："这种不确定性是偶尔的还是持续存在的？"某些环境——比如说能源市场和货币市场——通常具有很高的不确定性，而且未来可能产生很多未知的结果。尽管如此，在绝大多数的服务型和高科技行业中，与项目管理相关的不确定性很容易产生里程碑式的成果。这些不确定性来自于有限理性假定下一系列的离散选择；而决策树模型最适合于解决这种类型的不确定性。

通过项目再造提升价值

究竟是内部自主开发一项新技术还是从外部购买该项新技术？即使这样一个简单的决策都能够形象地说明决策树模型的效用。内部自主开发该项技术要耗时三年并产生三种可能的结果：有两种可能公司可以获得重大的价值成果；但是还有一种可能就是自主开发有25%的几率可能会失败，很显然，这种结果将不会产生任何效益。图1向我们展示了使用决策树模型对该决策进行分析的详细过程，其中三种结果的可能几率都是基于经理们的经验和判断。

图1　决策树模型：购买新技术还是自主开发？

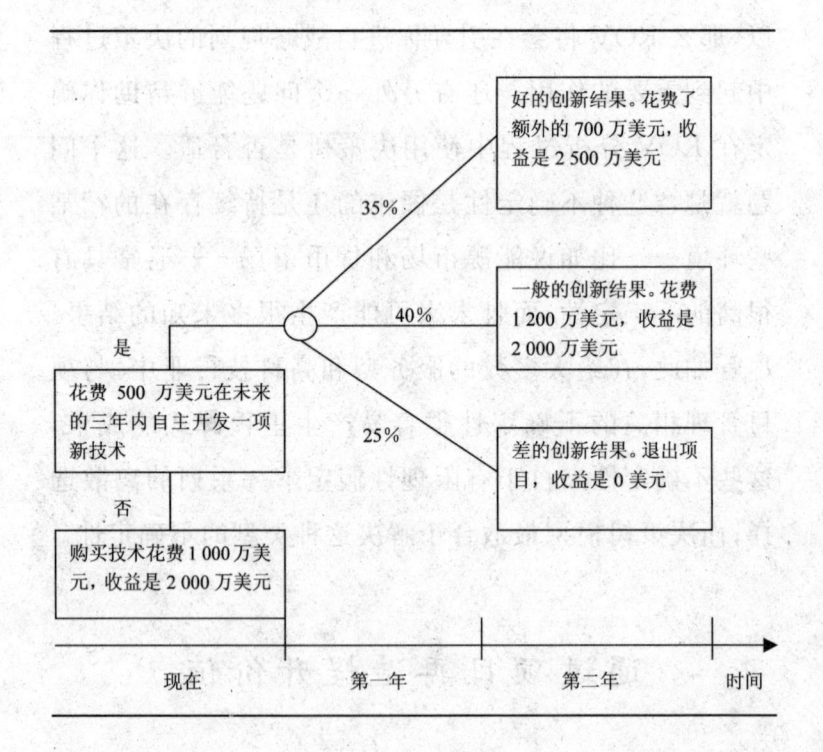

```
                                     35%    好的创新结果。花费了
                                            额外的700万美元，收
                                            益是2 500万美元

            是                        40%   一般的创新结果。花费
    花费500万美元在未来                      1 200万美元，收益是
    的三年内自主开发一项                      2 000万美元
    新技术
                                     25%    差的创新结果。退出项
            否                              目，收益是0美元

    购买技术花费1 000万美
    元，收益是2 000万美元

    现在          第一年         第二年         时间
```

在计算了每种可能方案的相对价值以后，经理们便能够识别出具有最高附加值的方案。对于从外部购买新技术这个方案，从两千万的收益中除去一千万的

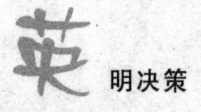

购买成本最后可以得到一千万的赢利;而对于内部自主开发这个方案可能得到的三种产出中的任何一种来说,你不得不从收益中除去成本,然后再乘以开发成功的概率才能得到最后的结果,因此,对于这三种可能性中最成功的一种来说,最终的期望收益是:

($25 000 000 － $7 000 000)×0.35 = $6 300 000。

通过加权平均的方法可以把三种可能产出结果的附加价值折合成一个简单的期望值,其中假设有10%的资金成本作为贴现率,通过计算我们发现,内部自主开发方案的期望价值是7 140 000美元,还不到外部购买方案的最终赢利的75%。

管理顾问玛莎·阿姆拉姆(Martha Amram)在她的新书《价值评估》(*Value Sweep*)中写道:决策树模型不仅有利于"组织实施那些容易受不确定性干扰的多级项目",同样可以帮助您重新设计项目以获得"更高价值"。举例来说,一家制造公司正考虑投资2 000万美元来升级现有工厂,以便能够引进新的生产线。而这需要增加额外的1 600万美元进行市场研究。如果调查结果是积极的,那么该公司就引进新的生产线。基础设施的安装大概在9 400万美元左右(以贴现现金流为基础进行计算的结果)。基础设施投资和市场调查两者都会产生不确定的结果,相关的概率和决策的流程图都在图2的上半部分进行说明。

图 2　项目重新设计的收益

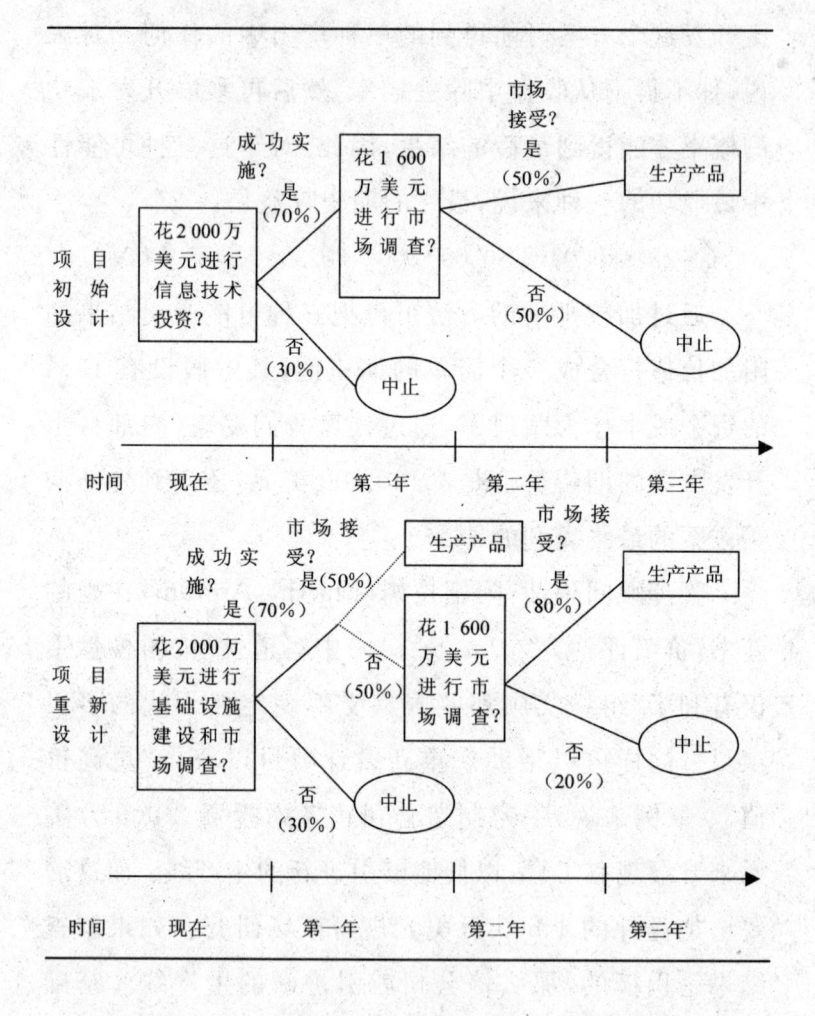

通过计算,如果该项目按照初始设计的流程运作,那么将会产生－330 万美元的净现值,那样的话就意味着该项目亏损,得不偿失。而一种替代方案就是重新设计项目的运作流程,即在开发基础设施的同时进行

一次小规模的市场调查测试,这个小测试的结果将会有助于在下一步决策之前解决某些市场风险问题。如果我们成功地配置了这些基础设施,而且随后的综合性市场调查也是积极的,那么这个项目就可以启动了,就在原有的设计基础上节省了时间和金钱。图2的下半部分向我们展示了对项目进行重新设计的决策过程。

项目的重新设计能够使基础设施的安装和经过修正的市场计划这两方面的价值重新进入初始的投资决策中。这样做的一个直接结果就是:当你计算收益时,项目的价值会从－330万美元上升至550万美元,而且,也是出于重新设计项目的原因,使得项目无端中止的概率从原来的65％下降到现在的37％。

对这个项目的重新设计使得经理们能够在项目早期就对市场有更多的了解,因此为修改市场调查计划提供了机会,并提高了市场调查的成功性。计划经过修改以后,经理们排除了一些不确定性并最终确定了后续的投资,因此项目的价值得到了提升。所以,决策树方法相比于ROV的优点在于通过将费用开支和机会的成熟性紧密联系以充分利用风险和不确定性,通过将一次市场调查的投资分开并用于两次较小的调查,使得项目经理在获得新信息的同时不断改进资源分配决策。

关注决策过程

决策分析并不是万能的。举例来说，它很难使得相关的科研技术人员就项目各个阶段失败或成功的概率达成一致，尤其是当主管该项目的经理相信项目的成功率接近100％的时候，要取得这种一致更是难上加难。此外，当一个项目即将启动或正在实施的时候，团队成员通常不乐意就项目过程中潜在的关键点进行讨论，特别是当项目经理们必须不惜任何代价以确保项目按期完工的时候，这种情况显得更加突出。这两种情况的直接后果就是导致了对于项目的中期讨论经常存在某些偏见。

为了避免这些偏见，必须确保业务经理和技术人员共同参与决策过程。这一做法将会提高项目实施的说服力，而且当项目不成功的时候，可以使得针对项目退出计划的讨论变得更加容易。而且，在这一决策过程中还必须确保业务经理和技术人员的利益是一致的，以至于他们能够为项目的收益而共同努力，例如，通过奖励那些成功的提前中止了失败项目的人员，从而克服某些项目人员因为投入了过多的精力而导致对已经失败的项目一拖再拖的错误倾向。通过这种方式，你还可以提高团队成员当项目失败时自觉中止项

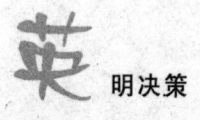

目的可能性。

通过这篇文章的学习,你将会更加深入地理解通过决策树模型来进行实际选择评估(ROV)的好处:在互动学习的潜在成果中不断提高合作的重要性。

参考阅读

Value Sweep: Mapping Growth Opportunity Across Assets by Martha Amram（2002, Harvard Business School Press）

3. 涉及棘手的伦理问题时,如何作决策

杰弗里·L.塞格林

3. 涉及棘手的伦理问题时，如何作决策

杰弗里·L.赛格林

"对"与"错"有时并没有什么区别，商业决策也是如此，问题就在于如何从一些选项中作出最"正确"的选择。因此，想要作出最佳决策就需要严密的、周全的思考。

几年前，我写过一篇文章，其中提到了一家公司遇到的一个两难选择问题。那是个真实的故事，它反映了在商业中，当遇到伦理问题时，决策是多么艰难。这是一家拥有20 000 000美元资产、经营飞机修理的公司。有一天，公司的首席执行官收到一封来自航空公司的传真，上面说，由于涡轮不能正常工作，已经有八架喷气机被迫着陆，而这八架喷气机的发动机曾在不久前由他们公司负责修理，并更换了他们公司的零部件，那家航空公司声称，是这位首席执行官公司的零部件导致涡轮不能正常工作从而使喷气机被迫着陆。不到一个小时，这家公司又接到一个电话，告知又有一架飞机因为同样的原因而着陆。一个小时后，又一个电

话来了。最后，总共 11 架飞机被迫着陆，航空公司认为，导致喷气机着陆的原因与这家公司的零部件有关。

当这位首席执行官收到第一封传真的时候，联邦航空局就已经接到了通知。虽然当时，联邦航空局还没有决定关闭这家公司，也尽量保护这家公司的名字不被媒体曝光，因为如果消息走漏并让这家公司的债权人知道，它将面临着被收回贷款的危险，其数额相当于公司的商业资产净值。但是，既然联邦航空局已经开

> 有许多方法
> 可以帮助你作出
> 正确的选择。

始了调查，这家公司的首席执行官认为目前能做的只有等待调查结果。

糟糕的是，不管合不合适，"时间"不能由人选择。当时，这家公司正处于每年的审计阶段。作为审计过程的一部分，首席执行官和首席财务官必须签署一份文件，向审计员保证，出现任何可能给公司带来消极财政影响的情况都会通知他们。

如果完全、真实地陈述审计报告可能会给这家公司带来财政危机。"在我们这个行业，对制造商的雇员使用药物或者酒精有严格的标准规定，"那位首席执行官说道，"但是没有任何规定告诉你，在陈述报告信息

时遇到了难题该如何处理。"

于是，尽管那位首席执行官还没有完全了解有关这件事的全部信息，他还是决定签署审计文件，同时在思考是否透露关于发动机问题的相关信息。他应该怎么做？透露这些信息并冒着上百名员工失去工作和自己失去在公司中的利益的风险？还是保持沉默，直到了解到更多的信息？

这确实是个难题，我想看了这篇文章的读者都会有同感。虽然，我们中很少有人会面对这样重大的选择，但这并不意味着经理们也可以不作决定。应不应该接受供货商送的篮球比赛门票？提供证明的时候该不该隐瞒一些相关信息？或者是否应该告诉一个正向你征求投资理财意见的雇员，他将被解雇？这是经理们必须作的决定，而且这些决定牵涉到伦理道德问题。

虽然很难决策，仍然有许多方法可以帮助你作出正确的选择。彼得·德鲁克（Peter Drucker）向你推荐的"镜子测试法"，就是通过自己问自己来作选择，例如，你可以问自己："早晨，当我刮脸或者涂口红的时候，我可以见哪些人？"洛克希德·马丁（Lockheed Martin）的前首席执行官诺曼·奥古斯丁（Norman Augustine）建议你问自己四个问题来帮助自己作出决定：1.这么做是合法的吗？2.如果别人对你这么做，你觉得公平吗？3.如果这件事被登在家乡报纸的头版上，你会同意吗？4.你希望你的母亲看到你这么做吗？对于以上四个问题,如果回答全是"是",那么无论你将要做什么,都是符合伦理要求的。

道德顾问兼美国康明斯发动机(Cummins Engine)公司的前任董事迈克尔·雷恩(Michael Rion)在他的著作《负责任的经理人》(*The Responsible Manager*)和《道德决策实用策略》(*Practical Strategies for Ethical Decision Making*)中列出了六个问题,指导你在遇到伦理道德问题时如何作决策。下面我们来看,面临发动机困境的首席执行官作出的决定是如何利用这个框架的:

1. 为什么它令我烦恼? 那位首席执行官显然非常关心这个问题,因为一旦消息透露将会给公司带来破坏性的影响。

2. 这件事还影响到谁? 如果消息真的公开了,员工将失去他们的工作,公司的投资者也会因此损失已经投入的资本。

3. 这是我的责任吗? 回答这个问题时,那位首席执行官可能会指望联邦调查局的调查并认为应该由联邦调查局来决定是谁的责任。

4. 这涉及什么伦理道德问题? 从合法的角度看,那位首席执行官表示,他不得不让联邦调查局知道发生了什么,而且联邦调查局也已经知道了。当考虑到公平和对员工的伤害时,那位首席执行官最关心的是能够确保他的公司和雇员的工作不会因为公司的决定而受到伤害。

5. 别人怎么看？ 那位首席执行官向他的律师和董事会寻求建议。

6. 我对自己忠实吗？ 这个问题类似于德鲁克所说的"镜子测试法"。那位首席执行官问自己："我对发动机了解多少？""作为一个商人，我是否应该根据自我生存的原则看待这个问题。"

最终，那位首席执行官决定保持沉默，而且没有在审计文件上签字。联邦调查局最后发现没办法判决谁应当为发动机事件负责。他的公司名字也没有被作为导致着陆的一个可能的原因而公布于众。

睡眠检测法

当面对道德困境时，你是否作出了正确的决策？一个普遍被接受的检测方法就是看你晚上是否能睡着。但是，小约瑟夫·巴达拉克（Joseph Badaracco, Jr.）在他的书《定义瞬间：当经理们必须在对与对之间作出选择时》(*Defining Moments: When Managers Must Choose Between Right and Right*) 中指出，人们有时候晚上睡不着恰恰是因为他们做了正确的事情。他们知道决定会产生真实的结果，虽然不能保证成功，但是他们会为他们的决定负责。简而言之，如果有的人像希特勒（Hitler）那样，有时候可以睡得很好，而像特蕾莎修女（Mother Teresa）那样的人，有时候却睡不好，那么我们就难以相信简单的睡觉检测伦理了。

这些方法很管用，但是正如你从上面的例子中看到的，只有人们在用到它们的时候，它们才有用。例如，那位首席执行官在回答"这件事还影响到谁？"这个问题时，遗漏了什么？他是否考虑到使用他们公司发动机零部件飞机上的乘客的安全了呢？事件过后很多年，那位首席执行官才承认，他在作决定时从来没有考虑到乘客的安全，而这是应该考虑到的。

如果那位首席执行官多设想一下将作的决定可能带来的外部影响时，他很可能考虑到乘客的安全问题。一般可以从三个方面考虑这些影响：1.钱，意味着在决策时要考虑到资本和财务；2.人——任何与公司一起工作的人、雇员或顾客；3.社区、环境或其他的旁观者。这样做的目的是为了帮助了解你的决策将会对这三个方面产生什么影响。

从钱方面考虑，那位首席执行官考虑到如果消息走漏，贷款银行可能会催要贷款，投资者也可能蒙受损失。从个人方面考虑，他会想到透露信息将会给公司雇员的生活造成什么影响；如果银行开始收回贷款，公司将会裁员或完全关闭。这位首席执行官的决定中不

符合伦理道德的地方是他没有考虑到公共利益方面。他没有问自己是否对那次事件中的乘客负有责任。即使考虑到这个问题后，那位首席执行官仍然可能在审计文件上签字，因为他相信，在还没有了解到更多事实的情况下，在乘客中间引起恐慌是不负责任的。他没有考虑到这个问题的事实反映了伦理决策中的严重失误。

因此，在决定是否签署审计文件的时候，什么才是"正确"的决策呢？答案是：并没有一个绝对的正确决策。无论过程如何，都不能得到一个唯一的解决方案。不同的所有者和经理在面对相似的管理情境时，由于自身所处的环境不同，通常会作出不同的反应。而且读者对于这篇报道的反应也各不相同，例如，有人对这位首席执行官对乘客安全漠不关心的行为表示强烈的道德谴责，也有人对这种行为感到迷惑不解：因为他们实在搞不懂，既然信息不完全，那为什么还决定不签署审计文件呢？

既然不存在一个"唯一正确"的决策，那么对决策的过程本身进行回顾将会是有用的，因为它可以确保你已经对决策有可能造成的相关影响进行了慎重的考虑。在有些情况下，你必须进行决策；毕竟，你要经营一项业务。但最好是在经营业务之前确保你已经对相关行动可能带来的影响进行了必要的权衡。

4. 让合适的人进行合适的决策

彼得·雅各布斯

4. 让合适的人进行合适的决策

彼得·雅各布斯

在一个公司中谁有权作出决策以及他们可以作出何种类型的决策的问题，无论是从日常的运营效率来看，还是从公司最后的赢亏来看，都将对公司的商业运转产生深远的影响。

让我们来看一家全球集团公司的经验。这家全球集团公司最近向美国总部征求投标定价的最终确认，而这个投标价格是由国外的子公司制定的。这家公司坚信美国总部的执行官在定价决策方面将有更高的效率，因为他们对公司的需求有更加广泛的认识。但是要把相关信息传送到公司总部，并让执行官消化和作出反应需要一些时间，从时间的角度来看，这会降低公司对投标作出反应的能力。而此时一个欧洲的竞争对手却对这种变化作出了机敏的反应，该公司给正处于竞争中的投标者设定了一个24小时的期限，迫使负责投标的当事人以最快的速度作出反应——结果最后这家欧洲公司赢得这笔新的大生意。

哈佛商学院的退休教授，同时也是摩立特（Monitor）集团组织策略实践（organizational strategy practice）的管理主任迈克尔·詹森（Michael Jensen）表示，这种情景的"发生实在是太平常了，以组织运作实效最大化为目的的决策权的分配是一个异常困难并且时常带来争议的管理任务"。

专家向我们介绍：这种现象折射出了一个大问题，公司制定与其任务和目标一致的高质量决策效率的高低，是决定该公司在市场中竞争能力高低的一个最主要条件。

决策权的分配是如何驱动公司效能的呢？如果要想更有效地分配决策权，公司又需要做些什么呢？为了更好地了解这些问题，我们采访了多位首席权威人士以及一些从业者。我们发现：尽管阻碍决策权有效分配的障碍物很"高大"，但还是存在一些最优实践方法可以降低这些障碍物的高度。

避免组织图陷阱

迈克尔·詹森和基思·莱斯利（Keith Leslie）认为，组织图过度简化了决策责任的分配。它们很容易使人陷入那些整洁的相互联系的图表之中，并且产生不了任何对未来结果有意义的思想。卡尔·斯博特尔（Carl Spetzler）是战略

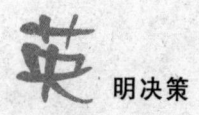

决策集团(Strategic Decision Group)的合伙人兼主席,他说道:"我已经亲眼目睹了许多公司因为过于关注组织图而忽视了决策制定的质量,结果最终导致公司的职能失常。"斯博特尔提醒客户不要过于关注决策的"权力"和组织图,因为所有这些只不过过于强调了权力和主观判断而不是最终决策的质量。

他认为,组织图所产生的另外一个问题是:思想体系。在这种思想体系下,下属向上级提出建议,而上级仅仅是对该建议表示赞成还是反对。在这种情况下,下属通过选择不同的建议进行陈述而彻底地变成了决策的制定者。尽管组织图在创造执行效率和效果上是有帮助的,但是在进行组织层面的决策时却是有害的。

在分配决策权限的时候,有两种类型的成本必须考虑。詹森和已故的威廉·H. 梅克林(William H. Meckling)在他们1990年的论文"专用知识、一般知识和组织结构"(Specific and General Knowledge, and Organizational Structure)[《应用公司财务期刊》(Applied Corporate Finance)杂志,1995年夏季刊]中提到了这些问题:

> ➤ 把决策权委派给那些拥有相关信息的人,可是这些人的个人动机和目标却和公司的整体动机和目标不一致,这容易造成成本上升。

> 把相关信息准确地从信息源传输到决策者的成本。

两位作者在论文中写道:把决策权限放在这两个问题联合成本最小的地方,可以达到最佳的决策制定效率,因而也会带来更好的运作实效。

"据我所知,那些在组织里面级别较低的人可能会有强大的号召力,但这些号召力并不会影响公司的其他部分,然而这也就仅仅是他自己的号召力而已。"美国通用汽车公司(General Motors)规划和战略行动主任尼克·普达(Nick Pudar)如此说道。

然而找出组织决策成本的最低点仅仅是这场战役的一个部分而已。你还必须面对这样一个事实:那些拥有决策权力的人作决策时会不同程度地受到个人因素和职业目的的驱动——其中一些不可避免地会与组织的目标不一致。

要跨过这些障碍,我们可以从以下这些步骤开始着手:

1. 定期地检查和更新决策权限的分配方式

由于组织所从事的业务以及他们所面对的环境都是在不断变化的,所以我们必须定期地更新我们的决策权分配。

我们要仔细地检查组织中各种各样的决策是在什么情况下作出的，同时也要仔细检查那些特殊点是不是最有效的点。麦肯锡（McKinsey）公司及该公司伦敦办公室的股东基思·莱斯利向我们介绍：最近经过一次回顾检查后，该公司建议它的一个客户根除整个管理层。

　　"因为他们缺乏足够的信息！"他说道，"那些经理在制定有关工作分配的决策时总是有很多分歧，在得出最后的结果之前总是用大量的时间争吵。如果只是让他们作出和自己有关的决策的话，他们的主张倒是可以采纳。"

2. 避免权力过于集中——同时避免过于民主

　　詹森表示：过于集中决策的权限是公司所犯的最大错误。"作为一个领导者，你通常认为自己能够作出更好的决策，但是决策权必须根据相关信息来进行分配，而且提高决策权限的层次也要求向上传递信息。但是由于成本过高，公司通常会忘记或者即使知道也不采取相应的民主决策。"

评价、目标和激励

当绩效评价体系与组织目标体系相匹配的时候，将会产生更好的决策效果。特别是当决策权被广泛授予的时候这显得尤其重要。举个例子来说，在美国前进汽车保险商公司（Progressive Casualty Insurance Company），公司的所有者汤姆·金（Tom King）说："我们授予产品经理以广泛的决策权，然后要求他们促使公司业务快速增长，并至少要达到保险行业的指定利润水平。"然后根据公司的业务增长和利润水平对产品经理进行奖励。

但是并不是所有的公司都具有如此清晰的权责与奖惩体系。金说："当我发现有多少公司正在奖励那些事实上损害组织的员工行为，同时惩罚那些有益行为时，我是多么的震惊。"举个例子来说，如果你的公司想要引进更多中等规模的账户，同时减少大规模账户数量的时候，就不应该再以销售额的总量为基础来奖励销售人员，而应该对他们那些符合公司发展战略的销售行为进行奖励。

同时要避免把太多的人卷入到决策过程中来，因

为那样有可能会使决策过程中断，但是应该确保把所有关键的股东包括在内。

考虑到上述这些问题，通用汽车公司的普达采用了一种首创的方法，这种方法能够使所有的意见达成一致。普达介绍说："在对一个新行动作出主要决策之前，我会首先召集相关团队的成员，然后问他们三个问题：对于我们的目标你的团队将会作出什么特殊的贡献？为达到这个目的你会采取什么样的行动？同时你还希望其他团队对整体目标的实现作出哪些贡献？然后我再召集各个团队的领导，告诉这些领导团队成员所告诉我的一切。而其中最大的区别通常就是两者期望其他团队所做的事情是不一样的。"

"尽管不可能达成非常完美的一致，"他还表示，"但是这种方法却可以使我们快速地确定和找出矛盾所在。"

3. 明确地分配决策权限

"到底谁应该有权作出决策"这个问题通常很难解决，这已经成为各类组织的一个通病了。詹森表示，"究竟哪些个人或者哪些团体应该拥有决策权"这一问题常常会导致一些误解，这使得组织的一些努力白白浪费，甚至产生不良影响，或者造成各方不能达成一致行动，所以无形中增加了组织的运作成本。

詹森表示，尽管这些问题通常被诊断成交流的障碍，然而实际上却是由决策权分配不当导致的。当然有时候，经理仅仅是忘了去通知那些拥有决策权限的人。

4. 不要将某个具体的决策结果与决策过程本身相混淆

好的决策偶尔也会产生坏的结果。达拉斯（Dallas）TXU公司的金伯利·拉克（Kimberly Rucker）认为，当决策结果不尽如人意的时候，管理层有时候会急于责怪那些决策者，或者埋怨决策过程本身。如果决策权限已经恰当分配的话，那么重新分配只能使事情变得更糟。

许多专家都认为：任何组织想要重新分配决策权限都是一项艰巨的任务，因为这一过程不仅充满了争议，而且牵扯到组织本身的许多政策。然而，这却是一个组织保持竞争优势和最大化股东价值的一种必要手段。

拉克说："我们意识到好的决策并不是自然而然就产生的！决策是一门科学——有点艺术的成分，但更大程度上是科学。"

第二部分

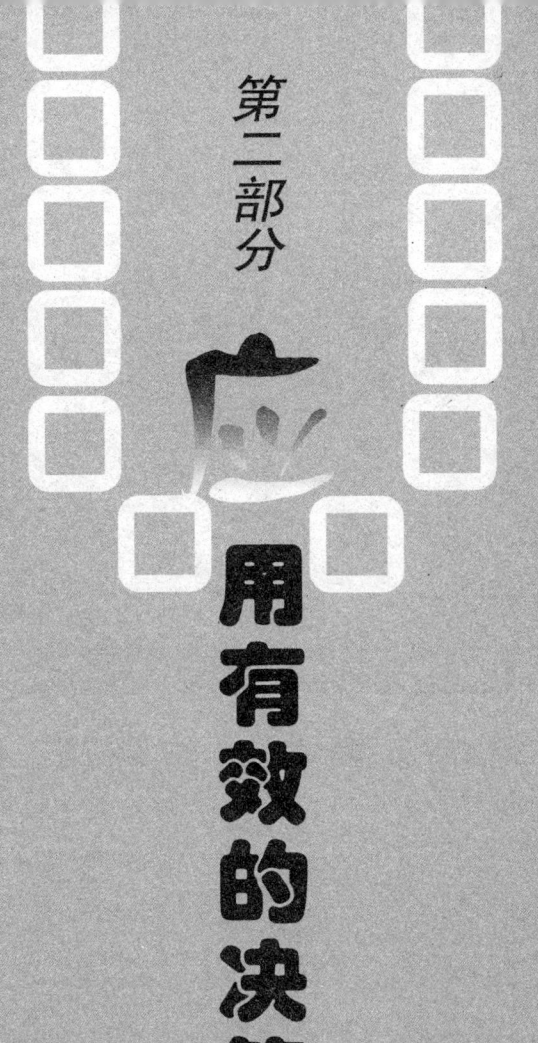

应用有效的决策策略

面对决策中所出现的各种挑战,专家们已经开发出了大量的技术来应对。在这一部分的文章中,专家们分享了他们关于基本商业决策的一些经验。比如说,你既会发现一些有用的信息,他们可以指导你在进行决策时增加备选方案的个数;同样你也可以学会如何评估一个备选方案在实施过程中可能会出现的各种风险;此外,还有一篇文章提供了一些策略,可以教会你在深入分析某个决策方案时如何就搜集到的资料进行相关评价。

其中一位专家甚至详细地描述了如何把一个大型的、令人畏缩的决策分解成多个小的、容易管理的决策模块;另外一位专家也提出了一种策略,能够有助于说服股东对你提议的一系列行动进行投入;该部分最后一篇文章就如何加强决策技能提出了额外的五条便于记忆的策略。

1. 增加正确决策的几率——保罗·纳特访谈录 ……

劳伦·凯勒·约翰逊

1. 增加正确决策的几率
——保罗·纳特访谈录

劳伦·凯勒·约翰逊

俄亥俄州大学的管理学教授保罗·纳特（Paul Nutt）认为，如果你像大多数人那样决策，那么，成功和失败的几率是一样的。这种一半对一半的方法并不能保证在商业中取得成功。

根据纳特的定义，错误的决策被证明是无论什么原因都无法实施的决策。例如，针对本部门的需要，你对一些新技术作了评估，并从中选择了一个认为最有前途的新技术，然后却立刻受到将要使用这些新技术的人员的强烈抵制。

无论在什么层次上，失败的决策都会让公司付出沉重的代价，包括时间、精力和金钱。《决策失败的原因：避免致命的失误和陷阱》（Why Decisions Fail: Avoiding the Blunders and Traps That Lead to Debacles）的作者纳特说道，并非只有那些没有经验或智力较低的人才会作出糟糕的决策，甚至聪明组织中的聪明人也会作出糟糕的决策。

那么你该怎么办呢？答案是找出决策过程中的弱点，然后将它们根除。

走捷径：决策失败的根本原因

决策失败背后的罪魁祸首就是在决策过程中缺乏寻找可选方案的热情。根据这样的方法——也是大多数人所用的方法，结果是你将限制可选择的范围，从而降低了作出正确决策的几率。

纳特描述道：我们经常感觉被迫去抓住第一个出现的可行方案，强行灌输给其他人，找出支持这一选择方案的数据，然后在将要实施的时候开始一场抵制战争。

为什么要这么草率地作出判断并固执地坚持这个决定？原因是情感起了很大的作用，例如，因为害怕被认为缺乏能力而仓促作出决策。

"商业活动中，人们期待获得成功，而且这种成功通常被定义为能够采取迅速的、有决定性的行动。"纳特说，"人们受到那些不现实的期望的压力，比如：不能失败，不能犯错误，要行动迅速。但是，在这样的压力下会有什么结果呢？就是人们感到不得不去掩盖他们的错误。"

"虽然对经理们来说，快速作决策的压力确实存

在,但是,实际上只有 1/10 的决策是需要迅速作出的。"纳特说,"我们通常有比预计的多得多的时间来作一个决策。即使在快速生产周期的行业,比如说半导体部门,需要迅速作决策的说法也是不成立的。"

纳特在 2004 年 11 月的《管理人研究》(*Academy of Management Executive*)上发表了一篇文章,其中阐述道:除了害怕,自我需要、对权力的欲望和贪心也会诱导决策者作出利己的选择,然后试图迅速让这个选择获得认可。

导致决策失败的背后原因不仅仅是害怕、贪婪和对权力的渴望,认识上的局限也会致使经理们在寻找选择方案时走捷径。例如,一个领导者可能会假设:在一个特定的决策中,只有最有影响的利益相关者才能提出有价值的选择方案——于是,他忽视了其他利益相关者有价值的想法和利益;或者,决策者陷入了沉没成本的陷阱——即使这个决策很明显是无效的,但由于已经支持了这个决策,所以他们不愿意改变。

扩大可能的范围

纳特认为,扩大可选择的范围是作出明智决策的一个基本要素。可选择的范围越大,你作出最优选择的信心就越大。但是,如果考虑到情感的力量和认识上的局限这些可能影响决策者想法的因素，领导者如何才能抵制走捷径的诱惑呢？纳特承认很难。但是，系统地进行一些练习是很有帮助的。

检查你的动机

你正在考虑那些被选方案，在作出决策之前，请停下来问问自己，是否因为情感上的原因和认识上的偏见而让自己的行为出轨了。

"对自己诚实是很难做到的。你必须得承认，如果用更多的时间收集可选方案，那么，你会为此害怕被看成是缺乏能力的人。"纳特说道："但是，即使意识到这一点就等于成功了一半。"

为了克服这个弱点，可以考虑找一个教练或指导者来帮助你客观而又诚实地检查自己的动机。一个值得信赖且与你将要作出的决策没有利益关系的朋友或同行也可以提供有价值的观点。

最后，问问自己，这个决策的紧急程度到底如何。"对于重要的决策——比如是否上马一条新的产品生产线或者想要和哪家公司合作——事情往往没有看上去的那么紧急。"纳特说，"你不用着急。"你应当在作出选择前，好好思考消化那些需要考虑的大量信息。

创造一个"安全空间"

许多高绩效的公司为经理们讨论、寻求不同的方案创造了保护性的环境。纳特举了迪斯尼的"梦想屋"作为很好的例子——在"梦想屋",大家可以自由地讨论,说出各种有创造性的想法,不会分心,不用担心被评头论足,也不用担心报酬问题。

纳特指出,想要获得安全的环境去探索各种选择方案是一个挑战,尤其在那些把有创造性的人看成是不切实际和异想天开的人的组织中。"许多公司需要一种完全不同的文化,这种文化允许人们用一个小时来沉思"。通过在你的公司或部门里树立这样的行为模式可以传递一种信息,即安全的环境确实重要。

听听更多利益相关者的意见

每一个决策都有不同的支持者,有的是关心决策的结果,有的是将受到这个决策的影响。你需要他们的支持来实施你的决策。如果你忽视他们的想法和利益,那么,在实施决策的时候,就会面临重重阻力的风险。

到哪里去寻找利益相关者呢?这取决于决策的重要性。纳特建议你考虑最高领导团队的成员、主要部门的领导者和技术专家。组织中有相关经验的个人、部门成员、供应商、顾客和竞争者也可以成为利益相关者。最后,激进的组织和大众成员在具有政治敏感性、高层级的决策中也可能成为重要的利益相关者。

> 寻找能够在
> 许多利益群体之间重叠的
> 双赢方案。

为了评估最广泛的可能的利益相关者的观点,可以提出与决策相关的问题并让他们讨论,从而探索、了解他们所关心的东西。这个简单的方法可以增强你的可信度,在决策过程中寻求他们对你的支持,并能帮助你寻找潜在的能够在许多利益群体之间重叠的双赢方案,同时识别和考虑到那些潜在的、有能力阻止决策的人的利益。

为决策设定更广泛的目标

对于每一个正在考虑的决策,你都应当定义一个明确的目标,而且达到这些目标的方案最好是多样的。能想到的方案越多,你的选择就越多。在纳特看来,壳牌石油公司(Shell Oil)为其漂浮在北海上的黑雁园材石油储备设备选择深海安装计划时却没能做到这一

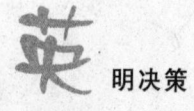

点。壳牌石油公司这个决策的最初目的是降低成本,于是指定了深海安装的方法,但这样做却限制了自己的选择。而更广泛的目标意味着更多的选择,例如让感兴趣的各方共同探讨什么是最好的安装方案。

由于只关注降低成本这个单一的目标,壳牌石油公司把自己局限于深海安装计划。但是,在它可以实施这一计划之前,环境保护主义者就已经对此展开争论并提出抗议了。结果是报纸以大字标题曝光了这一事件以及壳牌石油公司试图用高压手段驱赶环境保护主义者的行为,壳牌石油公司迫于压力不得不放弃这个计划。

研究过去的决策

分析那些已经被证明失败的决策案例可以帮助一些经理避免犯类似的错误。如果采用这个方法,纳特提醒你将精力集中于探索决策失败的原因,而不是去嘲笑案例中那个倒霉的决策者。

另一方面,研究自己作过的决策——无论是成功还是失败的。分析一下哪些是有效的决策,哪些是无效的决策,哪些是你可能在下一次实践中作出另一种选择的。同时可以问自己一些问题,例如:"我在哪里错过了多一次选择的机会?无论是否明智,我在多大程度上全身心地忠于自己的选择?"

"在每一次决策之后写一份报告是很有价值的。"纳特说,"在作下一个决策之前,列一个清单,写出所有需要问的问题以及所有需要咨询的人,以便作出最明智的备选方案。"

2. 你将面对哪些风险

亚德里安·斯莱沃斯基

2. 你将面对哪些风险

亚德里安·斯莱沃斯基

大多数经理把风险看作是商业活动本身有害的副产品，只要有可能，就要尽量控制这些风险。这种看法来自对风险过分简单的认识。有些风险需要降低到最小程度，而有些则需要面对，以推动企业的成长。

当然，企业为了发展，需要在各个方面作决策，包括特色产品、消费者群体、销售渠道、公司联合等等，所有这些都需要战略风险管理。最成功的企业并不仅仅是简单地防范那些不好的风险，他们还定义、预测好的风险。因为一旦管理好风险，就会带来最大的收益。

关于风险的思考

为了从风险中获得收益，经理们必须首先拓宽他们的思路，从不同的角度考虑潜在的风险。而实际上，大多数经理只考虑到财务风险、生产风险和有害风险，比如货币价格波动、欺诈行为和地震。为了减小或转嫁风险,他们通常采取规避、内部控制和参加保险的方式。

但是,除了这些传统的风险,还存在着一系列战略风险,这些风险越来越具有破坏性,并已经成为导致价值损失的原因。如果没有预测和管理好战略风险,将会导致股东价值的显著下跌和公司收益的巨大损失。例如,1985年,美国高价值企业对低价值的企业的比率是66%,而2003年,这一数字变成了19%,这一比率的下降反映出能够获得长期稳定收入增长的美国企业数量已经减少了。

战略风险不仅仅包括那些明显的、大概率事件,比如一个新推出的广告或产品将面临失败。事实上,任何一个决策的改变——不论是一般的还是重大的商业模式的改变——还包括其他一些不太明显的风险:

> 顾客选择的变化。例如,父辈的选择突然从四轮马车转换到小型货车时,让大多数汽车制造商始料不急。
> 新技术将会淘汰你的产品,正如手机的出现抢占了固定电话的市场份额。
> 一个错误就将使你的品牌瓦解,例如玛莎·斯图尔特(Martha Stewart)的遭遇。
> 同类竞争者将会使你的商业模式过时,例如沃尔玛模式对中央商场模式的冲击。

但是,风险也有好的一方面。如果不想或没有能力去认识和挖掘战略风险可能带来的收益,那么,企业要想成功就受到了很大的限制。所以,还是想想如何去解决甚至迎接战略风险的对策吧。

巧妙计划取得新发展

20世纪90年代中期,美国卡地纳健康公司(Cardinal Health)是药物销售行业的几个较大的竞争者之一。当时,这一行业的利润不高,并在不断降低。为了寻求新的发展途径,这家公司开始为邻近的市场领域提供新产品。首先,它进入了一系列邻近的行业,比如医院的配药管理和自动化药物分配行业。当它在这些领域取得成功后,卡地纳公司开始增加高质量的药剂师供给和咨询服务。为了成为药物制造商,卡地纳公司从药物包装做起,然后逐渐进入制造和生产领域。

卡地纳公司的行动非常明确,它首先利用自身资源和顾客关系获得了经验、知识和信誉,而这些又为其下一步行动增添了自信,并取得了顾客的信任。卡地纳公司就是通过巧妙的计划一步步进入了新市场,并以卓越的财务业绩无可争议地成为行业领袖。沿着价值链上的特定环节,卡地纳公司逐步接近目标,在不断延伸风险的同时获得了持续的发展。

搜集全面信息，降低决策风险

美国江森自控公司（Johnson Controls）的业务曾经主要是生产汽车配件，例如汽车电池、座椅等。因此，公司在激烈的价格竞争中显得很脆弱。但是，在过去的15年里，该公司发展了包括装配、整合和研发在内的一系列业务，并使其在竞争中脱颖而出。现在，这个公司设计、装配整个驾驶员座舱，而且，它的康福特实验室（Comfort Lab）的顾客研究比其他任何一个汽车制造商的相关研究都要多。

凭借它独特的能力，江森自控公司现在已与一家汽车制造商的整个设计和工程队签订了连续合同。这家公司的业务包括汽车加工、收集所有能满足汽车制造商需要的信息以及传统的零部件供应商无法提供的服务。这使得江森公司成为一个可提供许多选择的供应商，并且投标很少失败，作计划也更加游刃有余。该公司的收入、利润和市场股本均显示了其在过去的10年中每年两位数的增长速度。

在消费者领域，顾客的偏好会随时改变而且常常出乎意料。日本的音像零售商津谷屋（TSUTAYA）用销售数据、民意调查和数据库对消费者的消费模式作了跟踪分析。于是，他可以精确地知道单个家庭或个人的消费偏好,并预测消费者品味的变化趋势。由于了解这一行业的全面信息,这家公司远远领先于其他竞争对手,甚至将这些信息数据卖给其他寻求消费者口味变化的公司。

双管齐下,降低风险

当一项新技术的几个版本同时竞争的时候,很难预测哪一个将成为标准并被广泛应用。于是,聪明的经理不会把赌注放在一个产品上。微软(Microsoft)在Windows和OS/2上同时下了赌注,因此,无论哪个操作系统得以普及,他都是赢家。类似地,英特尔(Intel)同时推出RISC和CISC芯片保证了自己在半导体芯片领域的成功。相反,巴诺书店(Barnes & Noble)由于没有及时或大规模地将因特网作为实体书店以外的售书渠道而让亚马逊公司(Amazon)捷足先登,在网上售书以及后来的在线媒体领域取得了主导地位。

从竞争到合作,避免无利润区间

当一个行业成熟了,并且各个企业的产品趋向同质化的时候,这个行业将面临无利润的风险。面对行业经济风险,一个被证实最有效的对策就是与相关企业增加合作。合作的形式多种多样,包括共享后勤资源、资产共享或者合作生产、修订或保持合作、供应链协商、联合研发以及在市场营销方面的合作。

大多数企业都错过了最佳的合作时期,至少迟了5到10年。当一个行业新兴并处于成长期时,利润很丰厚——它有能力去竞争,合作率几乎是零。当利润下降的时候,合作率开始上升,就像航空、公共产品、钢铁、计算机和记忆芯片行业的情况一样。所以,关键是要预测风险,并提前作好合作的准备。

帮助顾客控制风险

对拥有汽车的人来说,处理汽车事故是最耗时间并充满争议的事情。前进保险公司(Progressive Insurance)已经成为第三大美国汽车保险商,当然,这并不是因为它提供的保险项目与众不同,而是因为其保险方式能够帮助顾客控制风险,即帮助顾客减少担心和节约时间。

该公司拥有迅速、全面的投诉管理服务,其特点是通过笔记本电脑、智能软件以及与公司投诉部门相连的无线设备建立了"立刻反应的汽车"系统。评估员通常在事故发生一小时内就能到达现场,确定损坏情况,

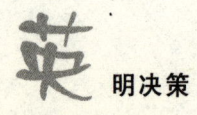

证明必要的修理，并检查现场。最近，该公司又在此基础上迈出了一大步，即在2003年的春天，前进保险公司建立了"一步到位"投诉服务中心，允许顾客自己处理修理过程或者让公司的投诉代表代劳。如果顾客选择后者，将无须自己处理常见的保险争议。前进保险公司就是通过帮助顾客减少风险而不断发展壮大的。

传统的风险管理旨在控制风险、减少损失，但那只是促进发展的一个方面。通过迎接战略风险，卡地纳健康公司、江森自控公司、津谷屋、前进保险公司以及其他真正了解风险及风险管理的公司提高了发展潜力，同时降低了经济损失。

就像在过去的15年里，银行不断地改进管理工具来管理信用风险一样，如今，战略风险管理工具越来越普及。甚至在传统的领域，例如商标，都可以用那些管理工具精确地分析。因此，经理们可以更快、更好地追求公司的新发展。

3. 领导者应该知道什么 ……

保罗·米勒尔曼

3. 领导者应该知道什么
保罗·米歇尔曼

即将到来的失败像冰雹一样袭来的时候，恺撒大帝（Julius Caesar）为什么对警告视而不见呢？当公司的高级经理们纷纷建议对那些正在蚕食康柏客户的新兴PC制造商提高警惕时，康柏公司的总裁埃克·菲弗尔（Eckhard Pfeiffer）为什么无动于衷呢？尽管《纽约客》（The New Yorker）已经刊登了有五行标题的一篇17 000字的文章来详细阐述了他的问题，但是《纽约时报》（New York Times）的前任执行编辑豪威尔·瑞恩斯（Howell Raines）仍然对那种触怒整个报界的行为情有独钟，这到底又是为什么呢？

研究领导力的学者沃伦·本尼斯（Warren Bennis）认为：要想充分理解这些领导者在面对混乱局面时为什么会采取那些古怪的行动或者保持无动于衷，首先我们必须从他们处理已有信息的方式着手，尤其是"他们应该知道什么和应该在什么时候知道"。

本尼斯是南加州大学商业管理方面的杰出教授，同时也是哈佛大学商学院以及肯尼迪政府学院的顾问学者。50年来,他一直致力于改造我们的领导观。他非常乐意与《哈佛管理前言》(*Harvard Management Update*)就他关于领导者是如何处理信息的观点进行讨论。他的思想为我们理解决策构建了一个基本框架,在这个框架中,我们能够了解我们的思维是如何以及为什么会接受或拒绝某些特定的信息,尤其是那些不支持决策的信息。

管理者进行更好决策的障碍

本尼斯说:实际上我们所有人都会对进入大脑的那些信息进行过滤。这些过滤作用使得我们对于一些信息比较敏感,而对于另外一些信息则视而不见,听而不闻。他还说"因为种种原因,你的大脑使得你无法对某些特定的信息作出反应。比如,你不会对那些自己认为不真实的信息作出反应,从而会导致你从一种错误的视角来看问题"。尽管事后表明美国官方本该早就发现了用于决策的一些数据并不严谨,但是为什么当初白宫会不遗余力地拟定对伊战争的方案呢?难道是总统那种充满热情的信念——白宫的出兵计划是有利于国家的——导致了那些支持他的预想的信息战胜了那些不支持该预想的信息?本尼斯想知道的是:这些现象可以用上面的理论进行解释吗?

> 悲剧就在于，我们失去了大量的优秀人才
> 仅仅是由于
> 他们不能听或不愿听这样一个原因。

如果可以解释的话，那么布什总统的决策过程就形象地说明了其中的一种过滤作用：社会过滤（social filters）。本尼斯已经发现了三种这样的过滤作用，这些过滤作用能够控制哪些信息可以进入我们的大脑，并引起有意识的反应。社会过滤作用能够使领导者因为不注意信息的来源而拒绝某些特定的信息。本尼斯说："当我几年前还在阿布达比（Abu Dhabi）的时候，那里的一位同事曾经告诉我一条在中东地区用来描述那些拒绝倾听的人的短语，他把它叫做'厌倦的耳朵'（tired ears）。"

让我们回想一下菲弗尔吧！在经营状况向更坏的方向转变之前，菲弗尔曾经领导了康柏公司将近七年的持续增长。本尼斯说："菲弗尔将下属分为两类——A类和B类，而且A类下属总是会说'是，先生'，无论菲弗尔提出什么战略，这种类型的下属都会表示赞同，但是B类下属却一直在强调'嘿，老板，你知道的，也许我们更应该观察一下GATEWAY公司和戴尔公司正在做什么，因为他们挖走了许多原来属于我们的客户'。然而菲弗尔却并没有仔细思考这些证据。最终，

他不再接见那些经常向他提供不同观点和坏消息的 B 类下属,他已经开始拥有'厌倦的耳朵'了。"

那么,菲弗尔故意回避的那些信息是他自己想要避免的没有必要进行处理的已知信息吗?本尼斯说:那倒未必。可能仅仅是因为:他想要忽略那些在某种程度上与自己已有知识不匹配的特定信息。将这种对信息的盲目性与主观盲目性的性质进行区分是很重要的,在主观盲目性中,人们通常是故意对某些数据不闻不问,其目的就是为了故意忽视某些特定的事实——安然前任总裁肯尼思·莱(Kenneth Lay)所涉及的案件就是其中一例。这些影响通常是无意识的,而且是非常自然地在发挥作用。

本尼斯说,让我们再来看一下莎士比亚笔下的恺撒大帝吧!一些证据突出强调了危险的存在,"妻子梦见他成了一尊血淋淋的塑像,身上有 100 个伤口在往外流血,那些强壮的罗马士兵正在用他的鲜血洗手。有猫头鹰在他身旁哀鸣,在公元前 44 年的罗马,猫头鹰的叫声会有很多种含义,就好像一头狮子跑过了街道。"

但是恺撒却忽略了这些信号,他甚至没有接受阿提米德罗(Artemidorus)不断向他提出的有关提防凯瑟斯(Cassius)、卡斯卡(Casca)和布鲁图斯(Brutus)的警告。本尼斯不仅要问:"他为什么没有对这些警告引起注意呢?"本尼斯还说,针对菲弗尔、瑞恩斯和那些不计其数的已经犯下了重大领导失误的其他人来说,我们也应该问同样的一个问题。"悲剧就在于,我们失去了大量的优秀人才,仅仅是由于他们不能听或不愿听这样一个原因。"

如果说社会过滤作用使我们关闭了一些特殊的信息来源的话,那么环境过滤(contextual filters)作用往往会使我们忽略了所处环境的重要性。本尼斯用他在1971-1978年间担任辛辛内提州立大学(the University of Cincinnati)校长的亲身经历举例说明,他说:"我被任命来到这个学校,进行大刀阔斧的改革,最终使这所市立学院成为一所重点州立大学。但是在这里,我仍然被看作是一个外地人,而且辛辛内提的人民都认为我正在带领这所大学脱离他们。"所以,联合百货的创建者小佛雷德·拉扎鲁斯(Fred Lazarus Jr.)向本尼斯提供了明智的建议,"他说,'这是一个非常保守的城市,没有必要太有远见,与你的教员和学生们一起安静地工作,不要试图成为人们竞相吹捧的亮点'。"

但是本尼斯本人并没有真正地尝试去理解他正在面对的文化,而且当他在辛辛内提大刀阔斧的改革已经引起了媒体的注意以后,他也没有因此而变成一个畏首畏尾的人。例如《辛辛内提杂志》(Cincinnati Magazine)就发表了一篇文章,本尼斯说这篇文章已经使他本人、他的工作以及他的家庭"看起来就像是卡默洛特(Camelot,在英国亚瑟王传奇中亚瑟王的王宫所在地），我开始有几分喜欢它了。"他甚至被邀请去主持当地一个叫做《本尼斯》的电视节目。

毫不奇怪的是：那些非常明显的领导力特征并没有使选民们支持本尼斯的行动，而是使他作为变革代理人的角色在某种程度上变得更加艰难。

本尼斯说："这就是由不熟悉环境而导致的一个教训，我没有花时间去理解这座城市——包括它的自尊、它的历史。我也没有花时间来尊重它。"

再来看一下另外一位被任命来进行变革的领导人：惠普（Hewlett-Packard）公司的卡莉·菲奥里纳（Carly Fiorina）。本尼斯说："主要有三大原因反对她进行变革：她是一个女人，不是一个工程师，而且她是第一位被提拔到高层的非惠普内部的员工。那么她如何在过去与现实之间把握好变革的方向呢？"

菲奥里纳所做的就是：在清楚地描述她的未来愿景时充分考虑惠普重要的传统特征。例如，她就借助了公司创始人戴维·帕卡德（Dave Packard）和比尔·休利特（Bill Hewlett）少年时代在车库里创建惠普的景象来激励公司继续产生突破性的思维。菲奥里纳对公司状况的把握使得她克服了环境过滤作用的影响——这种影响有可能导致一种困难、低效的愿景沟通方式。

本尼斯提到的第三种也是最后一种过滤是由自知之明（self-knowledge）控制：你在哪些方面了解自己，在哪些方面不了解自己。本尼斯再一次用自己的亲身经

历来举例说明。

本尼斯说:"由于大量的原因,其中一部分是为了实现雄心壮志,还有一部分是为了确认我的思想是否能对这个学校真正地产生影响,所以我才会渴望成为一位大学校长,这个愿望是如此迫切以至于我辞掉了麻省理工学院的工作,本来我拥有每个教授所梦寐以求的一切——一间办公室,某一科系的终身职位——而且还是纽约州立大学水牛城分校(SUNY Buffalo)的教务长。"正是在水牛城分校四年的工作经验带来了本尼斯期待已久的一个机会——成为辛辛内提大学的校长。

时任哈佛教育学院(Harvard Graduate School of Education)院长的保罗·杨维塞克(Paul Ylvisacker)把本尼斯所描述的情况形容成一个问题的"真正的指关节球":"'沃伦,你喜欢做辛辛内提大学的校长吗?你喜欢做校长吗?'我感到非常困惑……但是我最后还是看着他,说:'保罗,我也不知道。'"

本尼斯说:后来,他在回辛辛内提的飞机上开始意识到"保罗从我的眼睛里看到了什么"。保罗看出了他的心思根本就不在做校长上——因为他根本就没有那份激情。他还说:他后来也意识到了当一个大学的校长"并不是我的特长"。

正是保罗的问题使得本尼斯开始明白自己缺乏自知之明(self-knowledge),而且自从他明白这个事实以

后，本尼斯已经能够作出一个与 10 年前完全不同的决

> 本尼斯认为：
> "缺乏自知之明是造成领导失误
> 的最普遍的、最经常的原因。"

策。实际上，自从本尼斯发现在决策过程中存在一些因为自己的自知之明（self-knowledge）而导致的对信息的过滤作用以后，他已经极大地提高了自我控制的水平。

本尼斯认为，如果领导者缺乏自知之明的话，那么他们的决策能力将会大打折扣。无论获得了什么信息，如果你不了解自己的话——往往是对自己的了解驱使你做那些该做的事——那么你曲解与滥用这些数据的可能性将会极大地提高。

本尼斯认为："缺乏自知之明是造成领导失误的最普遍的、最经常的理由。这么多年来，在我认识的那些自认为有领导天赋的人中，他们都渴望获得最高的领导职位，但是他们却不知道这些职位的要求是什么以及自己有哪些能力能够适应这些要求。他们希望成为一名 CEO 但是又不想承担 CEO 的工作。我首先会问这些'极具潜力'的领导人这样一个问题：'你们了解自己吗？你们已经具有的那些技能能够胜任这一角色的要求吗？'这恰恰就是我当初没有问自己的那个问题。"

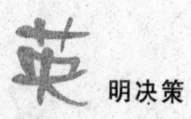

追求数据的全面性

构建一个更大的能够反映某人境况的数据库是消除本尼斯提出的那三种过滤作用的关键所在。再次以恺撒大帝为例,本尼斯最近在《CIO 洞察力》(CIO Insight)杂志发表了他的专栏文章,他说:"聪明的领导者知道去提防在 3 月 15 日发生兵变的可能性",他(指恺撒)应该在制定决策的前后采取相应的措施来阻止这场兵变。越南战争期间,当克拉克·克里福德(Clark Clifford)接替罗伯特·麦克拉马拉(Robert McNamara)出任国防部长以后,本尼斯说:"他开始与该组织各个层次的人员进行交谈,不仅仅是直接下属,也不仅仅满足于从正常渠道来获得消息。"本尼斯还举了一个例子,"联邦快递(FedEx)的首席信息官罗伯特·卡特(Robert Carter)也经常会与他的下属召开'城镇会议'(town-hall meeting)并且通过每个月与八名员工共进晚餐来创造一种坦率真诚的沟通氛围。"

本尼斯奉劝领导者应该在采取某项行动之前,对有关该行动的决策推理过程进行再一次的审核。举例来说,尽管通用公司(GE)董事会已经就提名杰夫·伊梅尔特(Jeff Immelt)接替杰克·韦尔奇(Jack Welch)出任公司总裁达成一致,但是在进行正式的官方投票并公布结果之前，董事会依然花了三个星期的时间来重新考察韦尔奇的建议。

本尼斯认为，作为领导者，我们必须确保尽可能全面地获得相关的数据与观点。他说："我认为，最优秀的领导者应该像亨利五世（Henry V）一样。"在战争前夜，"亨利五世脱下了他的皇袍，穿上了一件普通士兵的军服，走出营帐与士兵们打成一片，从他们口中探听明天将会发生什么"。

4. 沟通——考验你的决策 ……

尼克·摩根

4. 沟通
——考验你的决策
尼克·摩根

尼克·利森（Nick Leeson）和巴林银行（Baring Bank）已经分别成为因为不良决策而导致不良结果的典型人物和公司。你肯定还记得他们——尼克·利森是英国的一个投资交易员，由于他在1992年错误的交易行为损失了数十亿美元，从而导致英国历史最悠久的投资银行——巴林银行倒闭。

这一切是如何发生的呢？当尼克·利森在新加坡进行危险的交易时，为什么没有一个人能够在局面变得不可挽回之前阻止他呢？伦敦总部为什么经过那么长时间才对该危机作出反应呢？这些问题的答案揭示了不良决策过程中所存在的一些关键步骤——如何避免不良决策的一个客观教训——同时也指出了进行更好决策的方法。坏消息就是我们绝大多数人都会按照利森和巴林银行那种方式进行决策——但我们本身并没有意识到；好消息是我们能够学会如何进行更好的决策。

你可以通过"无偏见同事"的考验吗？

巴林银行的倒闭带给我们的一个关键教训就是：商业决策——甚至包括绝大多数的个人决策都不应该在一个真空中进行。在进行一些重要决策时，你必须与他人进行沟通，特别是在一些关键点上。事实上，在决策过程中进行充分的沟通是确保作出好的决策的唯一最佳方法。如果你能够向一位无偏见的同事详细地描述：决策是什么？你是怎样作出这项决策的？替代方案又是什么？为什么不选择这些替代方案？当你试图借助同事来发现决策中可能存在的某些偏见，那么你就能在很大程度上对该决策作出充分的思考，最终确保该项决策的可靠性。巴林银行的高级管理层犯了最基本的管理错误，首先是因为他们没有经过充分的讨论就雇用了利森（一份有缺陷的简历），接下来是因为他们在没有足够安全措施的情况下又允许他进行独立的交易运作。而利森本身也未能提前就他的行为与他人进行沟通，从而导致了巨大的灾难。

沃顿商学院的教授兼《沃顿决策》(Wharton on Making Decisions)的编辑史蒂芬·J.霍克(Stephen J. Hoch)和霍华德·C.康卢瑟(Howard C. Kunreuther)指出了巴林银行的经理们已经犯下的其他一些错误，

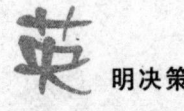

这些错误也是我们大多数人平常容易犯的。

过度依赖直觉和情绪而导致的错误决策

霍克和康卢瑟在他们的书中写到:"当巴林银行开始进行期货交易时,刚开始其实只是一种依赖于管理本能的单人运作[克里斯托弗·希思(Christopher Heath),德国马普研究所亚洲部门主任]。但是随着业务的快速增长,希思和巴林银行没能意识到这样一种依赖直觉本能的管理模式已经不再适用了。"许多迅速增长的业务都无形中助长了经理的直觉思维。当单独一个人就可以完全理解业务并作出良好决策的时候,他们养成了直觉决策的习惯,但是当情况已经完全改变以后他们仍然使用这种决策方式。在原先的一切都已改变的情况下,我们需要的是一种混合的模式:信息系统和人类直觉兼备。换句话说,当决策变得复杂的时候,我们应该建立良好的沟通系统以确保决策之前获得足够的信息。

低估相关风险而导致的错误决策

正如霍克和康卢瑟所说的:"在灾难发生之前,决策者评估那些低概率,高风险的事件存在极大的困难,所以在决策带来的灾难发生之前他们不会太在意保护自己，而一旦类似的灾难发生之后，他们便开始过度地保护自己。"我们正见证着这种决策模式代代相传。举例来说，在经济大萧条时代，经理们从1930年的艰难情况中学到了进行有关财务的决策时必须格外小心，而经济繁荣期的经理们由于没有类似的经历，所以他们在正常的财务年度并没有财务决策方面的危机意识。此外，优秀的决策者会采取沟通系统对他们的思维模式进行可行性检验，因为这种思维模式通常是植根于思想深处，很难被意识到。

由于时间迫切而导致的错误决策

霍克和康卢瑟说："由于过分强调市场机会，所以巴林银行的管理者似乎在决策时操之过急，同时也没能建立起一套足够严格的控制系统，最终才导致了悲剧的发生……西方人认为时间就是金钱，而与之相比，东方则更强调耐心的思考……这种相对有利的、时间就是金钱的思维模式并不一定总是导致最优选择，但是当决策速度非常关键的时候这种思维模式是比较有效的。"在网络时代，西方所要求的决策速度已经极大地提高了，而且我们甚至也见证了在信息不充分的条件下进行快速决策的必要性以及由此带来的益处，仿佛在某种程度上它确实是一种好的思维模式。实际上，这种思维模式更容易导致错误的决策。

尽管如此，有时候必须进行权衡取舍，因为一些决策仅仅是不能被拖延到直至获取完美信息的时候再进行。

我们假设，你已经学会了如何避免决策过程中的陷阱，这些陷阱往往会由于你的粗心大意而造成一些错误的决策。比如说，你已经能够客观地看待情绪并且明智地利用自己的直觉。而且，你还学会了评估决策的风险，并且在适当的时机采取相应的行动，而不是像原来一样提前行动。你通常会从外部为你的创意建构和数据搜集系统征求相关的意见和建议，以确保决策建立在充分有效的沟通之上，这一沟通过程包括了来自同事的信息和建议。在进行一项重要决策时，你会使用哪些准则呢？我们作出的许多决策都有各自的潜在优点——应该如何从它们当中进行选择呢？

专家认为，存在一些准则能够指导我们在这种情况下进行相关决策。首先第一步就是：区分这项决策是你一个人就能单独作出的，还是必须依靠其他人的帮助。

如果需要其他人来完成一项决策，请让他们加入决策过程

参与决策（participatory decision making）领域的

先驱迈克尔·多伊尔（Michael Doyle）说："如果人们还没有解决方案，或者是有了方案但是没有达成一致，那么最好别急切地开始执行，因为那样很容易导致误解，更严重的结果是导致失败。"

一旦确定了需要将多少人纳入决策过程以后，你就可以完全投入到亟待解决的问题上了。以下是专家建议的一些决策准则。

关注最重要的决策标准

查尔斯·福斯特（Charles Foster），现任波士顿切斯特纳特·希尔机构（The Chestnut Hill Institute）的主任，同时也是《现在我应该做什么：福斯特博士伟大决策的30条法则》（What Do I Do Now?: Dr. Foster's 30 Laws of Great Decision Making）一书的作者，他认为："如何发现自己最应该做什么呢？首要原则就是集中注意力于最重要的事情。"

这些最困难的决策通常既包括个人决策也包括商业决策。尽管公司可能存在一系列的决策检查程序，但是对于个人的职业变动来说，往往不存在类似的系统。我们大多数人通常会受困于那些可能有一大堆标准的决策。举例来说，假设你正在考虑是否接受升职而搬到一个远方的城市去居住，但是这个新职位是在

一个新的部门,而且比现在所在的部门具有更大的风险。一旦失败了,后果将是非常严重的。你的孩子可能正在上小学,而且有一个孩子已经遇到了一位非常优秀的老师,此外,你的爱人也不容易重新找到与原来一样的工作。

可能会有好多因素影响你决定走还是不走,所以首要任务是确定那个对于你来说最重要的影响因素。福斯特就如何确定最重要的影响因素提供了一些看法与建议。首先,他认为:"所谓最重要的影响因素可能就是那些能够令你的生活更加美好的东西……或者是那些可以帮助你承担最重要责任的东西……或者是那些有助于解决你所面临的最大问题的东西。"与自己进行一次对话——或者是朋友和同事也行——都可以帮助你获得适当的反馈并开发你的自我认知能力。

> 为了更好地决策,首先要确定:
> 对于你来说,
> 最重要的影响因素是什么。

那么,在上面的例子中,不妨问问自己:对你来说,什么才是最重要的呢?是孩子的上学问题?还是接受新的升职机会呢?除非找到了这个最重要的决定因素,否则你不可能作出有效的决策。但是,如何知道你是否对那些影响因素进行正确的排序了呢？福斯特说，正确的准则应该"更可能是长期而非短期的……更大程度上是自己想做的而不是其他人要你做的，（而且）……更可能与希望有关而不是恐惧。"

一旦找出了那个最重要的影响因素，那么你应该赋予比其他因素更高的权重。将你是如何得出这个结果的逻辑思维过程与一个值得信赖的朋友或同事进行讨论，目的是弄清楚你是否能够说服你的朋友——和自己——相信你所说的是有意义的。

凡事多往好处想

当面对一个困难的决策时，绝大多数人会落入悲观的思维模式——总是想如果决策失误的话，会产生什么样的灾难性后果。我们忘记了积极的一面——所有美好的事情都有可能会发生。即便不发生，对决策过程来说，这点仍然是重要的，因为如果决策最终并没有被执行的话，那么你将看不到这些由决策带来的结果。在上面那个例子中，如果对最终决策无动于衷的话，那么你将没有机会见证由那项新的商业投资所带来的快速增长。

检测当前决策对于未来的适应情况

同时,福斯特也认为:"优秀的决策者不应该仅仅关注于现在,他们不仅要考虑目前的情况,而且还应该充分考虑当前的决策在未来会产生哪些影响。"

在我们假设的那个例子中,对决策未来影响的考虑可能包括:推断一下孩子是否会适应新的学校以及爱人能不能在新的城市很容易就找到一份工作。

将重大决策分解成许多子决策

我们通常会被像搬家、换工作或者诸如此类的一些重大决策弄得不知所措。这类决策往往就好像是一道岔路口,你只能选择其中一条,然而最普遍的情况就是:人们在岔路口不断徘徊,对如何选择犹豫不定,生怕一旦选择了就再也不能回头。

然而,这一类重大决策往往可以被分割成一系列的子决策,而对于这些子决策来说,我们能够不断地获得有利于决策的反馈。或许你可以花一个星期的假期来感受一下那个新城市,体验一下它的商业氛围。这些小的步骤不会使你的重大决策不可回头——这样做你的选择范围就变得更加宽广。而且，你已经对是否搬家去一个新的城市这一重大决策有了最基本的感受。

使选择范围更加宽广

不要让自己深深地陷入到一个决策中去。准备好的时候再进行决策，而不是当其他人都要求你这么做的时候进行决策。当然，有时候，情况会迫使你必须进行决策。那么，你也应该使选择尽可能地多，并且时间要足够地长。正如福斯特所说的，"作出错误选择的人不仅仅将自己引到了一个更差的位置上，而且同样使得他们要想在未来作出更好的决策变得更加困难。"因为错误的决策已经使你的选择变得更少而且更差。

最后，不到万不得已不要作出决策

管理大师彼得·德鲁克（Peter Drucker）说过："有效的决策者想要知道的最后一个问题就是：我们真的需要决策吗？实际上，无动于衷也是一种决策选择。每一种决策都好像是一个外科手术，它是对系统本身的一种干预，因此具有一定风险。作不必要的决策就好像一位优秀的外科医生做不必要的手术一样。"

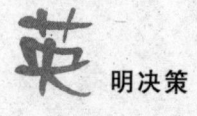

5. 克服防御型推理——克里斯·阿吉里斯的访谈录

劳伦·凯勒·约翰逊

5. 克服防御型推理
——克里斯·阿吉里斯的访谈录
劳伦·凯勒·约翰逊

安然公司、中央情报局（CIA）和公教会（Catholic Church）这些机构有哪些共同点呢？哈佛大学名誉教授克里斯·阿吉里斯（Chris Argyris）认为：这些组织的领导者通常会犯一些异乎寻常的错误和掩饰行为（cover-ups），而这些错误和掩饰行为来自于我们通常所说的习惯性防卫（defensive routines）——这样的防卫主要是为了阻止个人、团队和组织陷入困境或威胁之中。

具有习惯性防御倾向的领导者不可能看到他们正面临着潜在的困难和威胁这样一个事实；而且防御型推理（defensive reasoning）也导致他们没有意识到这一点。此外，这些领导者还会排挤反对意见，并且责备其他人和"系统"本身的错误。因此，思维过程中的错误并没有被察觉到，而且不良决策开始朝着错误的方向发展。

并不是所有的防御型推理都会导致大规模的组织失灵,但是由它产生的习惯性防御倾向却在一定程度上妨碍了有效沟通,因此影响了组织学习并最终导致组织本身无法得到提升。

尽管根除习惯性防御的倾向很困难,但是它们却普遍存在——而且具有相当的破坏性——以致除了消灭,别无选择。

理解组织的潜规则

摩立特顾问咨询集团(Monitor Group)名誉董事阿吉里斯认为:处在组织任何一个层次上的员工都具有习惯性防御的倾向,而且这样的问题存在于各个行业的每一家公司中。

习惯性防御的倾向不仅普遍,而且根深蒂固。阿吉里斯说:"我们在生命的早期就学会了使用习惯性防御,当长大以后,我们又进一步促使组织形成了一种支持这些习惯性倾向的氛围,而且这个互相促进的循环不断地得到自我加强。"

那么到底产生了哪些结果呢?习惯性防御的倾向创造了一种组织潜规则,在这些规则下,员工的行为开始与组织的显性规则无关——比如说公司公开提倡的价值观与做事方式等显性规则。举例来说,CEO 表示:

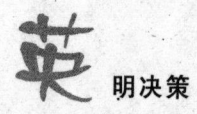

他想要从高级主管那里获得有关他的领导风格的一些开放、真诚的反馈。但是在一些场合中,每当有管理人员向他提出批评意见的时候,CEO 就会表现得沮丧和十分恼火。因此那些管理人员就会通过构建一套组织的潜规则来应付这位 CEO:

> 致命的漏洞包括
> "请相信我——
> 我理解这个地方的行事规则"

他们共同商定并互相分享那些与这位 CEO 打交道的"规则",比如说,"在提出意见之前先察言观色"或者"切记:他将会因为自己的错误决策而责备我们"。

所以,管理人员和经理们怎样才能发现这些习惯性防御的倾向并且用其他更有效的行为来替代呢?不断地进行自我反省是必须的。下面的这些措施同样能够提供帮助:

1. 理解习惯性防御倾向的症状

习惯性防御倾向能够通过许多方式表现出来。举例来说,经理们可以通过仔细地倾听人们在组织中如何发表观点来发现习惯性防御的倾向。阿吉里斯说"如果其他人正在发表一些言论,并且你们无法确定这种言论的有效性,那么这就是一种防御型思维的表现。"尽管有时候我们需要仔细地倾听才能够发现这种防御型思维倾向,但是这种思维倾向存在一些致命的漏洞,比如说,它往往包含这样的言论"相信我——我知道这个地方的行事规则",或者"他将永远不会改变"。

2. 同时检查显性和隐性的想法和感受

阿吉里斯推荐使用一种他称之为"左手栏/右手栏"(the Left-Hand/Right-Hand Columns)的训练,这种练习能够帮助经理们识别日常思维中的防御性倾向。在使用这种技术时,经理们首先要把一张纸分成左右两栏,然后在右边一栏中,一字一句地写下曾经参与过的一段对话的内容;而在左边一栏中同时记下他在那次对话中虽然想到和感受到,但是却没有明确表达出来的内容。"乔(Joe)的左手栏/右手栏"记录了一个对话的其中一段摘录,在这次对话中,一位管理人员和经理正在就管理中使用的一些不恰当的幽默进行讨论。

阿吉里斯认为,这种练习形象地说明:就像已经表明的推理中所表现出来的防御性倾向一样,没有表明的推理过程也能够表现出相应的防御性倾向。

乔的左手栏和右手栏

在与比尔的谈话中,乔没有明确表达出来的想法	乔与比尔的实际谈话内容
	乔:一些员工对你开的无礼的玩笑感到沮丧。
他对这并不在意,而且还没有意识到已经在员工中引起的一种紧张感。	比尔:不用担心——我总是很恰当的。他们知道我是在开玩笑。如果他们感到沮丧的话,他们会告诉我。谁感到沮丧了啊?
我担心:如果他感到有威胁存在的话他将会直接面对这些员工。	乔:我认为他们与你直接讨论这个问题的时候会感到不舒服。

例如,其中一个人在左手栏中写下的注释通常会对另外一位谈话者产生不良的影响。人们并不是在他的左手栏中写下这样的注释——"很显然,我已经在这儿犯了一个错误",而是因为讨论中出现的问题去责备其他人。

阿吉里斯坚持认为:"这种练习能够帮助人们认识到他们的思维过程在多大程度上具有防御性倾向,并且这种思维倾向是如何破坏工作谈话的。"

3. 平衡倡导与质疑

克服那些你已经察觉到的习惯性防御倾向,关键在于：在一种开放的环境中对你的结论、言论和观点进行必要的检查。保持一种既倡导又质疑的态度将会是有益的。从倡导的角度来说，你可以解释到底是什么促使你得到了目前的结论；而从质疑的角度来说，你可以征求其他人关于结论的支持与反对意见，同时了解他们是如何得出类似结论的。以下就是一个例子：

玛雅：泰德，我知道你坚持认为我们公司应该开辟新市场，但是我并不这么认为。理由如下……（她引用了另外一家公司作为具体的例子，同时解释了想法背后的假设——她认为：只有当公司达到一定的规模后才应该进入新的市场）。

泰德：好的，现在我可以理解你为什么不同意我的提议了。

玛雅：那么你如何看待这些理由呢？它们合理吗？

泰德：我不知道你为什么要把我们公司与那一家公司进行类比。因为两家公司是在完全不同的情况下经营的。

玛雅：你那样说的原因是什么呢？

平衡倡导和质疑两种不同的态度——并且帮助其他人也这样做——有利于把自己的思想暴露于不同思想的挑战之下，而且能够避免自我参考（Self-Referential）倾向的影响，这种倾向以防御型推理为主要特征。但是正如阿吉里斯指出的，你必须是足够真诚的才能够获得关于你的疑问的真正答案。如果仅仅是嘴上说

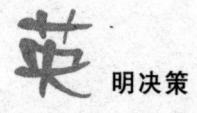

说而已——即你要求其他人对你的观点提出挑战,但是当他们发表意见时你却充耳不闻——那么你将会使防御型推理倾向在你的公司或部门中深深扎根。

4. 识别防御型推理

尽管根除防御型推理的倾向需要付出极大的努力,但是当需要指出组织中目前存在的那些防御性推理倾向时,请不要回避!例如,如果你不赞成市场部经理西蒙(Simon)最近提出的关于采用新的客户关系管理系统的提议时,你可以要求他解释:为什么他会认为新的管理系统是一个不错的选择?西蒙可能会避免从正面回答你的提问,而是不断地重复他前面提到的关于

你必须真诚

才能够获得

有关疑问的真正答案

提倡采用新系统的那些评论("不用担心——这是我们所需要的最先进的系统,而且卖主有很高的声誉")。

在这个例子中,你也许会说:"你似乎认为这是我们管理客户的最佳选择。但是对于我来说,很难从你的回答中得知这个提议中潜在的风险。而且我也不能帮助你检查该项提议的根本假设是否合理。你并没有

对你的想法作出解释,也没有要求我提出相关建议,所以我无法判断提议是否有效。在此基础上,我只能接受你关于采用新客户管理系统的提议。实际上,我并不愿意那样做。"

5. 树立一个模范

阿吉里斯认为:要想根除一个组织习惯性防御的思维倾向,必须从该组织的顶端开始。如果一位强有力的领导开始更有效率地进行沟通,那么就会有一些人开始注意并受到鼓舞从而采取类似的改变。他们的新行为的影响将会很快传遍整个组织。

尽管习惯性防御的思维倾向将会在组织中一直存在,但是管理人员和经理们可以通过识别这些症状并且建立更加有效的思维和沟通方式以克服习惯性防御倾向的不良影响,最终提高他们的决策效率。

6. 更好地决策——控制好你的"蜥蜴脑"

洛伦·加里

6. 更好地决策
——控制好你的"蜥蜴脑"

洛伦·加里

大脑的高级皮层功能将人类与其他动物区别开来，但是神经系统却有可能在最需要它的时候背叛我们。比如说，我们需要进行一项理性决策，就在这时候，我们的"蜥蜴脑"(Lizard Brain)——一种告知我们逃跑或对抗，惊恐或保卫领地的思维活动过程——可能会出现。其结果就是恐惧和进攻开始主导这项决策，而我们却不知道为什么。管理咨询顾问理查德·古德林(Richard Gooding)这样说道："经理们也许并没有意识到他们的'蜥蜴脑'是如何控制思维的。"

古德林建议：要像一个真正的现代人一样，使用一套结构化的程序进行决策。一套好的决策程序能够有效地控制恐惧和政治阴谋的发生；而且还有利于避免一些琐碎信息的重复干扰，或者帮助你适时地中止决策，并尽量减少决策时的时间和精力损失。

我们能够获得许多有益的决策程序，而且不用费太大的劲就能够作出有效的选择。但是《明智的选择》

(Smart Choices)一书中提出的那一套决策程序就是一种比较好的选择,作者约翰·S.哈蒙德(John S. Hammond)、拉尔夫·L.基尼(Ralph L. Keeney)和霍华德·雷法(Howard Raiffa)专注于八种关键的活动:准确地定义决策问题,明确决策目标,制定可行的解决方案,评估各种方案的可能结果,权衡取舍,识别方案中的不确定因素,分析你的风险容忍度,并且还要搞清楚当前决策的结果是否能够为未来的进一步决策提供便利。

此外,在以上提到的每一个步骤中,他们还提供了一系列的诊断性问题。以"准确地定义决策问题"为例,这些诊断性问题不仅会帮助分析:你要决策的"大问题"是什么?而且会帮助你进一步明确:在这个"大问题"中,具体的"小问题"是什么?如果你还不能确定最佳行动途径的话,请指出什么因素正在影响决策速度。请尽量识别出关键问题所在,然后搜集任何有利于决策的数据和观点。

但是,因为没有任何一种程序是完全可靠的,我们还必须了解以下这些技术:

假设你正在运营一间急救室

如果面临的决策很简单,不妨假设你只有几分钟的时间来确定采取哪一种行动;如果是一个比较复杂的决策问题，不妨给自己几个小时的时间。

利用一种放大与缩小技术

如果你已经对问题的大体状况有所了解，那么用一种放大的眼光来评估战略决策将要如何影响公司策略与实际运营；然后再回归实际的战略水平，并观察是否存在一些合适的判断。

用语言来牵引思想

如果你感到迷惑，那么就找一个可以信赖的同事谈一谈；通过描述思想发展过程有助于澄清一些你过去没有发现的联系。此外，还要充分利用相关专家以获取他们擅长的信息——他们可以为你提供有关问题定义、备选方案、可能结果和不确定性等方面的信息。《明智的选择》一书的三位作者建议：在你比这些专家更了解的领域中要更加依赖自己的判断——比如说价值观和决策目的。

知道何时中止决策

如果你考虑太长的时间,最佳选择会消失吗?最完美的解决方案是不是只比目前的最佳备选方案好一点呢?如果一味地寻找最完美的解决方案是不是有损其他重要的活动呢?如果以上有一个问题的答案是肯定的话,那么就应该结束思考并进行最终决策。

不要低估团体共识

尽管你所在的团队没有就亟待解决的所有问题都达成一致,但是我们要赋予团队成员一致通过的问题以最高的优先权解决。

古德林承认:建立一套结构化的决策程序看起来似乎与大部分工作差不多,但是其中的好处是不言而喻的。通过使你避免受到"蜥蜴脑"的干扰,一套结构化的决策程序能够帮助公司在达尔文的丛林法则面前幸免于难。

第三部分 克服认知偏见

当我们进行决策的时候,每个人都不可避免地会犯一些错误——专家们通常称之为认知偏见(Cognitive Biases)。本部分几篇文章主要是识别几种常见的认知偏见并提出了如何在决策过程中避免它们的相关建议与参考。

认知偏见的例子主要包括:我们在决策过程中很容易受到相似的、最新的以及那些容易获取的信息的影响,正如我们总是寻找那些能够证明选择的明智性的信息;由于另外一种认知偏见的存在,我们在进行决策的时候也很容易过多地依赖过去发生的先例作为参考。

通常,克服认知偏见的方法主要包括:积极寻找那些能够证明你的结论不够完善的数据与信息;质疑并重新思考那些已经变得根深蒂固以至于没有人会有所异议的经验;最后,在真正作出决策之前等待一段时间,以确保最终的决策是合适的。

1. 认知偏见——决策过程中的系统性错误

洛伦·加里

1. 认知偏见
——决策过程中的系统性错误

洛伦·加里

1997年12月号的《哈佛管理前沿》刊登的一篇文章介绍了一种用于决策的纯理性方法。尽管如此,在现实世界中,经理们的实际决策过程并不能满足那种条件。诺贝尔奖获得者赫伯特·西蒙(Herbert Simon)早在40年前就已经证明了:如果需要决策的问题本身就定义不清,相关的准则不甚明确,以及在获得数据的数量和质量方面存在时间和成本的要求,如果这些信息都不够充分的话,那么纯粹的理性判断就是有局限性的,这些限制条件就会像思维和知觉本身的缺陷一样,会在很大程度上影响决策者作出最佳决策的能力。因此,一直在西北大学凯洛格管理研究生院教授"组织与争端处理"课程的杰伊·格伯优秀教授(J. Jay Gerber Distinguished Professor)马克斯·贝泽曼(Max Bazerman)认为,决策者"放弃了最优的决策方案,取而代之的是寻求一个能够被接受并使大家都感到合理的解决方案"。使用西蒙首先提出的这些词汇来描述这些缺点，大家都感到很满意。

在西蒙发表了有关"有限理性"的论文 15 年以后，阿莫斯·特沃斯基（Amos Tversky）和丹尼尔·卡尼曼（Daniel Kahneman）针对影响决策判断的那些特定的系统性偏见开发了一套分析工具，也可以说是提出了一套简化的策略。这些策略，即大家所熟知的直觉（Heuristics，也叫经验法或者捷思法），正如贝泽曼在他的《管理决策判断》（*Judgment in Managerial Decision Making*）中所说的一样，就是"暗中指导我们进行判断的标准化的规则，它们有助于为处理困扰决策的复杂环境提供一种机制"。

贝泽曼同时指出：经验研究已经识别出了"在现实中影响经理进行判断的 13 种特定的偏见"。在下表中具体列出的这些偏见主要来自于三种主要的直觉：可得性直觉（availability heuristics）、代表性直觉（representativeness Heuristics）以及锚定和调整（anchoring and adjustment）。

一般来说，直觉的使用会使得决策变得更好，而不是更坏。尽管如此，绝大多数情况是我们并没有意识到直觉以及它对决策的影响——正是由于缺乏这种意识才使得我们陷入麻烦之中。

可得性直觉

贝泽曼认为:"比起那些不能刺激情绪、平淡无奇、难以想象或者是枯燥无味的事情来,人们更容易想起一些能够刺激情绪、栩栩如生、易于想象的事情。举个例子来说,靠近经理办公室的下属在年底的时候更容易得到较差的绩效评价,因为经理更清楚他们的错误。"尽管这种直觉通常能够得到正确的评价,但是下面这个事实往往会导致它的失真:即从一件事情本身获得的信息往往也受到与被评价事情无关的许多其他因素的影响。

来自于可得性直觉的三种偏见分别为:易回忆性(ease of recall)、可追溯性(retrievability)和假设相关性(presumed associations)。以"易回忆性偏见"为例,消费者的购买行为就明显受到广告效果和播放频率的影响。由于记忆的原因,消费者往往会购买一件次品仅仅是因为他们通过广告记住了它。

代表性直觉

贝泽曼认为,这种认知偏见来源于经理们"根据过去发生的类似事件的刻板印象"来推断"现在一件事情发生的可能性。"因此,一个经理会根据过去类似的品牌推广的成功经验来预测当前品牌推广成功的可能性。贝泽曼还承认,在外部信息不充分以至于不能作出正确预测的情况下,这种直觉能够导致一个"令人满意的初步估计值"。

有关 13 种认知偏见的总结

源于可得性直觉的偏见

易回忆性(ease of recall)

我们在回想事情发生的次数时,如果某件事情发生时给人们以栩栩如生的感觉,或者是最近才发生的,则容易误以为这类事情发生的次数较多。

可追溯性(retrievability)

人们在评定事情发生的次数时,在搜寻过程中往往容易受到记忆结构的影响。

假设相关性(presumed associations)

在个人经验、社会传统和文化礼仪的影响下,我们通常会高估两件事情共同发生的可能性。

源于代表性直觉的偏见

漠视基率(insensitivity to base rates)

个人在判断事情发生的可能性时,如果存在其他

信息的介入,通常会扰乱个人的判断,从而将先前的背景资料弃而不用。

漠视样本规模(insensitivity to sample size)

我们在衡量样本信息的可信度时,通常会忽略样本大小。

几率错觉(misconception of chance)

人们总是期望一系列的资料会以随机的方式呈现,却没有考虑到资料之间独立性和资料不足等问题。

居中趋势(regression to the mean)

人们会忽略掉极端值从而回归平均数的一种倾向。

合取谬误(the conjunction fallacy)

人们对交集出现概率的估计往往高于对该交集从属的集合出现概率的估计。

锚调节不足(insufficient anchor adjustment)

个人在断定数值的大小时,通常以初始值(也许来源于过去发生的事件;也许是随机分配的,或者是任何可以获得的信息)作为判断基础,尤其是会根据初始值对最终值作出不充分的判断。

交集与并集事件偏见(conjunctive and disjunctive events bias)

人们通常容易高估交集事件发生的概率,而低估并集事件发生的概率。

过度自信(overconfidence)

人们在面对中等难度和高难度的问题时,对于自己想出的答案,通常显得过度自信。

两种更加普遍的偏见

肯定的陷阱(the confirmation trap)

个人往往只会搜寻那些他们自己认为是正确的确认性的信息,而忽略了那些非确认性的信息。

事后聪明以及知识的诅咒(hindsight and the curse of knowledge)

在知道了事情的结果后,人们往往会高估先前对这一结果的预测能力。此外,个人在预测其他人行为的时候,往往不能忽略那些他们自己拥有而其他人却不具有的信息。

摘自《管理决策判断》,马克斯·贝泽曼。
Copyright© 1998 by John Wiley & Sons, Inc. Reprinted by permission of John Wiley & Sons, Inc.

源于代表性直觉的偏见包括:漠视基率(insensitivity to base rates)、漠视样本规模(insensitivity to sample size)、几率错觉(misconception of chance)、居中趋势(regression to the mean)和合取谬误(the conjunction fallacy)。以居中趋势为例,贝泽曼解释说,我们"基于当前情况是与过去数据完美相关的这样一个

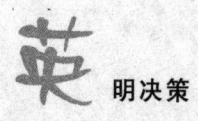

假设"进行预测。也就是说,我们可能预测1998年会完成一个特定的销售目标,仅仅是因为相信1997年的销售经验将会具有完全的预测作用——然而实际上,1997年的销售经验仅仅只起到部分的预测作用而已。

再举一个合取谬误的例子。贝泽曼在他的书中写道,尽管简单的统计数据表明"一个交集(两个甚至更多子集结合的共同部分)不可能比它任何一个子集出现的概率更高,然而合取谬论却预测和证明了:当交集出现的频率比从属的集合更有代表性的时候,那么在判断时选择交集的概率要高于交集所从属的任一集合。"因此,在1982年七月进行的一项研究中,专家通过计算得出"美国与苏联在1983年某段时间内中止外交关系的可能性要小于苏联入侵波兰以后两国中止外交的可能性。"

锚定和调整

贝泽曼在书中写道:"经理们通常会根据最初的印象,并从适合作出最终决策的角度来进行评估。最初的印象,也叫起始点,可能来自于历史上的先例、问题被呈现的方式或者仅仅是一些随机的信息……在模棱两可的情境中,如果存在任何一个细小的因素,只要该因素成为我们决策的起始点,那么它就可能对决策产生深远的影响。"

源于锚定和调整的一个偏见是锚调节不足（insufficient anchor adjustment）。举例来说，如果某些员工一开始就被支付了较低的报酬，那么将所有员工的报酬平均增长5％就是不公平的。同种来源的偏见还包括交集与并集事件偏见（conjunctive and disjunctive events bias）——即人们通常会高估那些必须与其他事件联合发生的事件的概率，而低估那些独立发生的分离型事件的发生概率——还有一种被称为过度自信（overconfidence）的偏见，用贝泽曼的话说，就是决策者"在回答中等难度或有相当难度的问题时，通常过度相信自己答案正确性"的一种倾向。

最后提到的两种偏见是：肯定的陷阱（the confirmation trap）和事后聪明以及知识的诅咒（hindsight and the curse of knowledge）。个人在搜寻决策信息时，往往只关注确认性信息，而忽略非确认性信息，这种倾向就是肯定的陷阱如何影响决策过程的一个例子。而贝泽曼在书中是这样描述事后聪明的："在知道事情的结果后，人们往往会高估先前对这一结果的预测能力。"知识的诅咒是与事后聪明相关的一种现象。在这种现象中，"一个人由于自己已经具有了某方面的知识从而会不自觉地认为其他人也会很容易对此有所了解。"这就是编程人员通常会过高估计一般人理解软件指导手册能力的原因所在。

贝泽曼认为,提高决策判断能力的关键"在于区别直觉决策的长处和局限性"。但是崔果/凯普纳管理咨询顾问公司(the management consulting firm Kepner-Tregoe)的主席兼首席执行官奎因·斯皮策(Quinn Spitzer)认为并不存在提高判断能力的捷径。作为《赢家管理思维》(Heads You Win)一书的作者之一,斯皮策认为"事实和经验证据都已经表明了管理决策质量正在下降"。他引用了路透社(Reuters)在1996年的一项研究,该研究表明:经理们正面临着双重的压力,一方面有关决策的信息不断膨胀;另一方面要求加快决策速度,斯皮策认为管理决策质量的下降主要有三个原因。

"随着决策要求的时限变得更短,经理们对信息加工的注意力也在下降——这就使得所有的判断偏见都开始发挥作用。此外,我们还发现数据的真实性也在下降。决策的质量取决于决策信息的质量。数据库越大,你区分事实与感觉的难度就越大。不仅如此,就连数据库本身也在不断的变化之中。目前,经常会因为一个决策与其他决策造成的连锁反应而导致该决策的执行速度变慢。所以说,从制定决策到执行决策的这一段时间内,相关的数据可能已经发生了变化——原来的条件可能已经不再适用了。"

即使你处在一个危机关头,花些时间在更大范围内分析决策的前景也是一种明智的行为。目前的决策是必须立刻作出的最重要的决策吗?是否存在与其相关的其他关键决策?如果是的话,优先的关系是怎样的呢?也就是说,如何对这些决策进行排序呢?斯皮策认为,最重要的事情是必须存在"一种清楚明确的决策过程。在一个公司中,人们很可能会就是否存在充足可靠的数据支持某个特定的决策产生分歧,但是如果存在一个清楚明确的决策过程的话,他们依然可以互相交流,互相解释彼此的假设前提"。

参考阅读

Judgment in Managerial Decision Making by Max Bazerman (4th ed., 1998, John Wiley & Sons)

Heads You Win: How the Best Companies Think by Quinn Spitzer and Ronald Evans (1997, Simon & Schuster)

"Judgment Under Uncertainty: Heuristics and Biases" by Amos Tversky and Daniel Kahneman (*Science*, Vol. 185, 1974)

2. 日常战略规划中的认知偏见

洛伦·加里

2. 日常战略规划中的认知偏见

洛伦·加里

快速循环决策（fast-cycle decision making）是指要学会加快决策速度，但是又不能一味地追求决策的速度，它同样强调要重新设计决策机制以确保作出更好的决策。那些一味地追求以一种近乎危险的速度进行决策，而忽略了决策过程本身的公司，正在迈向破产的边缘。

《哈佛管理前言》（Harvard Management Update）1998年4月份的一篇文章就直觉判断——一种简化的策略或者决策捷径——作出了解释，给读者们留下了这样一种印象：认知偏见——滥用直觉判断所导致的一种不完善的思维模式——是经理们很少遇到的深奥的现象。然而事实远非如此。实际上，认知偏见在很大程度上就像野葛（kudzu）一样：当初引进时完全是出于一些非常好的理由，但是很快它们就开始威胁到整个管理领域。

像新产品开发、战略联盟和并购这些促进战略增长的想法似乎都容易受到这些无意识的认知偏见的影响。这种偏见潜伏于潜意识之中，只有在事后才开始变得明显，而且通常会带来某些灾难性的后果。以上三种经理们经常会遇到的经营行为——每一种行为都将会形象地说明一种不同的认知偏见——针对这些特定行为涉及的认知偏见，专家们就如何避免提出了相关的建议。

新产品开发和确认性偏见

确认性偏见是指：经理们仅仅关注那些能够证明自己的想法和他们所追求的目标正确的证据，而忽略了那些与他们的想法和目标不一致的事实和数据。战略优势公司（Strategic Advantage, Inc.）总裁理查德·古德林认为：当公司在没有考虑"消费者是否会购买这种正在设计的产品"时，这种偏见就开始发挥作用。以亚利桑那精密仪器制造公司（Arizona Instruments）为例，古德林发现，在1989年上市后不久，该公司董事会迫切要求引入一条新的产品线。"他们要求引入一套新的程序，该程序在探测地下燃气泄漏的精确度方面是任何一种现存技术的100倍。与此同时，环保署积极倡导国会进行相关立法，以此来确保所有的地下油库都能安全。所以亚利桑那精密仪器制造公司认为：

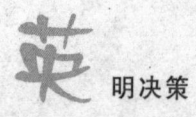

既然有如此巨大的需求,我们应该立即引进这套优势技术。"

"该公司在1991年卖掉了与这种新技术配备的第一套装置——而且是唯一售出的一套。后来,该公司的CEO逐渐意识到:公司从来就没有从潜在客户——如德士古公司(TEXACO)和康菲公司(Conoco)——的角度来思考问题,他们更没有问过'我们是多么迫切地想要去探测地下油库的泄漏情况呢?'答案当然是他们根本不想知道地下油库的泄漏情况——他们仅仅是想避免环保署的麻烦。亚利桑那精密仪器制造公司开发的这种新技术能够从容积为90 000加仑的油库中探测到差不多一杯水大小的泄漏。但是环境保护机构(EPA)的相关法律却可以允许在90 000加仑的油库中有1 500加仑的泄漏。"换句话说,消费者根本不需要如此敏感的一套设备,但是亚利桑那精密仪器制造公司的决策者们从来就没有想过。

当联邦政府通过相关立法以后,它把执行权下放到了各个州政府,那就意味着执行将变得非常缓慢。在环境保护机构有关地下油库的相关法律中,古德林回忆说:"在该项法律通过后大概六到七年的时间内,全国才有40%的油库达到了它的相关规定。"亚利桑那精密仪器制造公司忽略了对该项法律将会如何实施进行研究,所以未能充分估计该项新技术的市场需求。古德林继续说:"由于受到新技术性能本身的引导,管理层能够想到的仅仅是消费者将会对该项新技术充满热情。"

古德林认为,克服新产品开发过程中的确认性偏见的关键在于"运用系统的方法使经理们从客户的角度思考问题",尽管它已经帮助公司经历了长达18年之久的战略增长。"为了使经理们站在客户的角度并思考'为什么新产品会遭遇失败?'"古德林发起了一次对话——他把这次对话描述为"一次结构化的头脑风暴的过程"——以数年后的亚利桑那精密仪器制造公司为例,当时公司正在计划向市场中投入一种新型的湿度分析器。"大量的议题接踵而至,其中一些与可靠性、质量、竞争反应以及配备维护有关——总共差不多有60-70个项目。但是我最感兴趣的是这样一条评论:这种湿度分析器的外观太丑了!我让一个小组对这些项目进行排序,结果这一条高居榜首。这个小组回来后对该产品里里外外重新进行了设计,而且最终赢得了1997年度100种最佳产品之一的荣誉称号。"

战略联盟和可得性直觉

认为最容易获得的信息就是最相关的信息便是可得性直觉的一个例子。来源于这种直觉的偏见通常出现在公司进行战略联盟的时候。崔果/凯普纳管理咨

询顾问公司的主席兼首席执行官奎因·斯皮策认为出现这种情况的一个主要原因是:"没有人确切地知道战略联盟究竟是什么——它们可能从一个简单的、有严格限制的市场协议一直到员工共享(a sharing of employees,即达成战略联盟的不同公司使用相同的一批员工)等一系列的合作。从而通常会产生一种'选择现象'。"这种现象是指:如果一个战略联盟是成功的,经理们通常会说:"让我们再多20个这样的联盟吧!"错误就恰恰在于这个推论,该推论认为:尽管战略联盟下各个公司的需求是相当不同的,但是这个最新的联盟在结构上应该能够支配所有的联盟单位。

古德林认为,克服可得性偏见的主要方法是:通过扩大信息搜寻的范围来"阻止这种仅仅搜寻确认性信息的不自觉的天性"。"有关一个战略联盟的决策通常是由很小的团队作出的——只有三到四位高级经理。我强烈建议在决策过程中加入更多的人,目的是为了平衡不同的人已经获得的信息和不同的观点,并从中发现那些高级经理们不具备的信息和观点。使更多的人参与决策可以在一定程度上提高非确认性信息出现的可能性。"

古德林强调:"但是你不能同等看待所有的观点。所以使决策团队区分这些各不相同的观点的优先次序变得至关重要。然后不仅要充分利用这些观点,而且还要就每个特定观点的相对重要程度进行大致排序。

这种做法能够确保决策不会仅仅按照某些特定的人的思维来进行,这些人通常会按照自己的本能意志进行决策;而是在更多的人提供了更多的信息,并经过小组讨论对信息进行了系统评价的基础上作出决策。"

公司并购和非理性的承诺升级

贝泽曼在《管理决策判断》(*Judgment in Managerial Decision Making*)一书中提出了这样一个观点:我们进行决策的过程通常受到如何构建信息的方式的影响。他在书中写道:但是许多管理决策"通常涉及一系列的选择而非仅仅是一个独立的选择,当决策是通过一系列方式实现的时候,我们很容易犯一种特定类型的偏见——我们称之为承诺升级。"

古德林认为,潜在的公司并购通常会引发这种偏见。"几年前,美国管理协会进行了一次有关公司并购的研究,研究对象认为,在并购中出现的最大意外就是:整合两个公司的财务系统要比想象中花费更多的时间。大多数公司认为这个过程大概只要六个月就能完成,然而实际情况却是整整用了两年半的时间。现在,如果在你的并购团队中没有审计员或者会计部门的主管,那么这个事实就可能永远都不会暴露出来,直到为时已晚。"

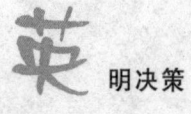

公司在并购过程中要求进行广泛的尽职调查，这一事实使得许多公司无奈地得出了这样一个结论：它们当初就不应该进行这个交易。"有一个短语叫做'生意压力'（deal heat），"古德林解释说，"它描述了由这一过程（指并购）产生的一种动力。这种动力使得组织已经不可能回头，尽管他们可能已经意识到这不是一次划算的交易。如果存在竞争公司参与并购投标的话，事情会变得更加糟糕：即一个公司陷入了一种类似拍卖的氛围之中，并最终以出价过高结束了这次并购。"斯皮策补充说，"没有必要为那么多的并购以失败告终而感到奇怪。让我们来看一看制药行业——在每一个并购的案例中，新成立的公司占有的市场份额都要比原来两个独立公司所占有的市场份额的总和低。"那么结论是什么呢？"尽职调查过程产生了错误的信念。而这些错误的信念又导致了你在很大程度上受到激励。实际上，在充分考虑备选方案之前你就已经作出了并购的决定。"

不妨对你的基本假设提出质疑。搜集更丰富的、来源更多样化的信息，并征求各种不同的观点。不要轻易地被新产品、新技术或者公司并购的某些虚假信息所迷惑，要努力克制情感上的冲动。在以上三种特定的管理情境中，要想克服那些易犯的决策偏见就要求进行有目的讨论。"你必须花时间来构建一个有意识的决策过程，"斯皮策说，"一般情况下，人们很容易随着决策过程的进展调整相关决策数据的目标。我们所能做的就是使客户清醒地认识到：他们应该在什么时候、出于什么目的来改变计划之初就已经确立的主旨和有关准则的相对权重。"

参考阅读

Heads You Win: How the Best Companies Think by Quinn Spitzer and Ronald Evans (1997, Simon & Schuster)

Judgment in Managerial Decision Making by Max Bazerman (4th ed., 1998, John Wiley & Sons)

Trying the Corporate Knot: An AMA Research Report on the Effects of Mergers and Acquisitions edited by Don Lee Bohl (1989, American Management Association)

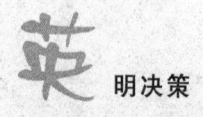

3. 我们为什么会作出错误的决策

约翰·金策

3. 我们为什么会作出错误的决策

约翰·金策

我们应该预见9·11事件的发生吗？那么安然公司的倒闭又是怎么回事呢？人们通常认为在这些事情发生之前必定存在某些特定的征兆,但是那些与事件密切相关的决策人员却身在其位不谋其职。为什么会出现这种情况呢？难道是政治原因和人的贪欲在起作用吗？显然这些因素都起到了特定的作用,但是仍然存在其他的一些原因,比如说缺乏特定的决策常识。

让我们更加仔细地回想一下过去发生的财务丑闻吧！会计人员总是被要求为他们的客户就相关的财务状况提供独立的评估。但是许多大型的会计公司同时为客户提供许多其他的服务：比如说税务咨询和技术咨询。我们有理由相信：这些关系过于夸大了审计员进行相关决策的能力,尤其是在那些复杂、灰色的领域。会计公司的管理者们想要通过协助制定审计相关的决策来取悦客户,然而通常的情况却是：一个消极的审计项目很可能会破坏会计公司与客户之间的各种关系，而不仅仅是审计一个方面。但是由于在会计公司本身、客户公司以及相关的管理部门中那些相关决策者都没有意识到这些根深蒂固的认知偏见，因此部分地导致了一些决策常识在很大程度上被忽视了。这些偏见同样也在影响着我们所有人的日常决策。专家们建议：克服这些偏见的关键就在于认识并理解它们。《可预料的意外》(Predictable Surprises)一书作者，哈佛商学院教授马克斯·贝泽曼(Max Bazerman)认为：人类的思维方式似乎遵循"认知的拇指规则"(cognitive rules of thumb)，领导者们总是按照经验已经教给他们的那些最简单、最快速的处理问题的方式来进行决策。这种思维方式无意中给人们灌输了一些偏见，这些偏见有时甚至可以导致最聪明的人犯错误。其他偏见还包括：对今天行动的可能后果不予以重视以及自我归因错误。举例来说，贝泽曼曾经提到，社会心理学家迈克尔·罗斯(Michael Ross)在他的书中写道："如果你向丈夫和妻子单独询问各自承担了多少家务劳动，那么最后得到的总百分数有可能是130%。"

同样，那些在更大的合作关系中寻求利益的会计人员最后有可能成为偏见的受害者，因为这些偏见误导他们从自我服务的归因角度来解释数据。而且这些偏见很容易使个人陷入决策困境，从而导致严重的判断错误。

影响决策的其他因素

《影响力：科学与实践》(Influence：Science and Practice)一书的作者罗伯特·查尔迪尼(Robert Cialdini)对影响力进行了研究，并对心理状态如何作用于影响力进行了分析。他认为，人们赖以生存和决策的基本心理准则会因为一个短语的简单变化而发生巨大的改变。他指出：电视广告撰稿人克林·斯若特(Colleen Szot)就曾经把诺迪克(NordicTrack)健身器材的商业广告片结尾的购买热线的广告语进行了改动，由"接线员正在等待，马上拨打热线电话购买吧！"改成了"如果购买热线繁忙的话，请再次拨打！"。可想而知效果是显著的，查尔迪尼解释说："如果接线员繁忙的话，那就意味着大多数人已经决定购买诺迪克的健身器材了。"

那么，这种对事物的洞察力如何帮助领导者克服那些根深蒂固的偏见呢？又如何提高领导者的决策质量呢？

回想一下上面提到的那个广告片的第一个版本，"接线员正在等待，马上拨打热线电话购买吧！"这样的广告语容易使观众产生这样一种印象：订购热线很冷清，也许接线员们正在饮水机旁聊天呢。第二个版本却恰恰相反，它向观众们暗示人们对这种商品存在极大的需求,强调了其他消费者也已经决定了购买这种产品,这在更大程度上刺激了电视观众的购买需求。因此,这样的话就不仅仅是一个决策者,而是存在好多的决策者都对订购决策产生了影响。很显然,那才是领导者必须履行的职责。查尔迪尼说:"经理们应该意识到,有时候最重要的信息来自于自己的助手和同事,而不是领导者。"

那也同样意味着领导者应该听取同事和下属的意见。试想一下如果安然公司的老板和美国联邦调查局(FBI)分别听取了谢隆·沃特金斯(Sherron Watkins)和科琳·罗利(Coleen Rowley)关于各自组织内部经营与运行弱点的建议的话,那么这家美国资本市场上的第七大公司也不会倒闭,帝国大厦也不会因为受到恐怖袭击而倒塌。

但是对批评和不同意见充耳不闻是人类共同的天性。查尔迪尼说:"一旦我们对某种行动作出了一种积极、公开、主动的承诺,那么我们就倾向于认为那种(行动的)选择比以前更加引人注目和有价值。"他还以一项有关赌马者(race track bettor)的研究为例,在这项研究中通过观察赌马者在下注前30秒和后30秒的表现,结果发现被研究者在下注以后认为他们获胜的几率远远高于下注之前。

解释不确定性

贝泽曼说:"当一个人有一种既定的兴趣,即按照特定的方式来看待不甚明确的数据——而且会计数据通常是不明确的——那么他就不可能保持客观。"实际上,他认为任何公司的管理人员只要想从另一家公司获得更多、额外的业务,那么他们在心理上就不可能对那家公司的数据"保持客观公正的评估"。

在会计领域里,一些措施已经被采用以减缓这种根深蒂固的趋势,主要包括:赋予证券交易所和政府机关以审计的权力,限制审计公司的审计权力,并要求它们在审计期满后完全切断与客户公司的联系。这些建议的提出主要是为了消除相关的利益冲突。但是如此激进的改革没有被萨奥法案(The Sarbanes-Oxley Act)接受并实施。举例来说,它要求负责审计的一方必须进行轮换,但是仅仅在同一家审计公司内部由不同的审计人员进行轮换,而不是在审计公司之间进行轮换,所以仍然存在利益上的冲突。那就是为什么贝泽曼相信会计丑闻仍会继续发生的原因所在。

会计公司与客户公司之间的冲突关系早在数年前就被发现了。比如说,在20世纪90年代中期,当时的证券交易委员会的亚瑟·莱维特(Arthur Leavitt)委员就主张在审计人员和咨询团队之间保持更大的距离，但是却未能产生重大的变化。甚至在更早以前也产生过一些细小的会计摩擦事件，美国废物处理公司（Waste Management）和它的审计公司安达信国际会计公司（Arthur Andresen）之间所发生的摩擦就是其中一例。但是公司的管理层与会计师们已经对现有的系统作出承诺，而且有关不法行为的迹象并不明显以至于没有被纳入到他们的决策范围中来。

在他的新书中，贝泽曼认为，像安然事件和世界通信公司（WorldCom）事件，按特征来说确实称得上是一种意外；同时他还认为，因为存在某些预警信号，所以那些有财务欺骗嫌疑的公司是完全可以预测到的。贝泽曼说："在明确地需要采取行动的时候我们却没有行动，然后某件错误的事情就随之发生了，这就是我们所说的一种可以预见的意外。"

> 公司完全
> 可以对可能发生的财务欺骗
> 作出预测

贝泽曼补充说，他和卡内基-梅隆大学（Carnegie Mellon University）社会与科学决策系的乔治·洛温斯汀（George Loewenstein）教授2000年夏季曾经告诫证券交易委员会（SEC）：只要不采取适当的改革措施，那

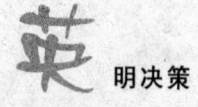

么由审计方是否应该独立这一问题所导致的公司破产仍然会继续下去。尽管如此,证券交易委员会仍然要求必须有关咨询服务腐蚀审计功能的完全充分的证据才行——事实上证据已经众所周知。

同样地,戈尔委员会(Gore Commission)在1996年报告的第一项法案中明确提出号召,要求就加强机场的安全性采取必要的行动,但是在接下来的法案中这一条款并没有受到重视。就像贝泽曼所说的,每当问题被提出时,总会存在一部分不想解决问题的人。那些在利润驱动下的会计公司,总是千方百计地阻挠改革,最终导致了近期的会计丑闻的发生,同时各大航空公司也不情愿花费更多的资金来加强机场的保安,最终被9·11事件的恐怖分子有机可乘。但是,对于那些处在决策位置上的人来说,他们对于执行相关的决策有一种更加普遍的恐惧。

贝泽曼在他的书中写道:"我认为,目前的情况是我们不愿拿出勇气进行投资,尤其是当人们没有亲眼目睹问题发生时,他们更不会出资来解决这个问题。"

还有一个问题就是:处于以上那场争论中的行业和政治领导人存在某些偏见,这些偏见导致了他们对外界的批评置之不理。此外,他们的下属也可能会在报告坏消息的时候表现得过于犹豫,从而耽搁了决策。查尔迪尼认为,为了避免落入这个决策的陷阱,领导者必须建立相关的机制,通过一套机制来激发内部的争论并赋予下属明确发表意见的权力。这样做的好处是能够激发下属双赢的思想,鼓励他们制定有益于上司和组织的决策。

避免日常的决策陷阱

为了避免在决策中产生偏见,贝泽曼建议经理们应该多参加有关决策的培训,对偏见保持清醒的认识有助于预防不良决策的产生。他还建议经理们要仔细审查自己的决策过程,或许可以避免一系列日常的决策错误。举例来说,当公司领导与其他公司签订协议的时候,他们自身的某些偏见就经常有可能导致他们忽略协议中某些含糊不清的语言,从而为以后某个可预料的意外种下了祸根。贝泽曼在他的书中写道:"他们(指上文的领导者)应该真正感到内疚的是:为什么在协议签定之初未能通过清晰明确的条款来消除这个可预料的意外。"

最后,由于贝泽曼确信人的思维不可能是"无偏见的",所以他建议经理们在进行决策时采用结构化的程序,这种程序能够为独立思考提供足够的空间。

贝泽曼说:"一些夫妻制定了这样一条规则,'如果我们没有考虑足够 24 小时并经过彼此商量之后,我们不会购买电视广告推荐的任何产品'。"

4. 好数据何以导致坏决定 ……

戴维·斯托弗

4. 好数据何以导致坏决定

戴维·斯托弗

1994 年总部位于芝加哥的超级食品制造商桂格燕麦公司（Quaker Oats）对思拿多饮料公司（Snapple）的收购在当时看起来是一件理所当然的事。首席执行官威尔·史密斯伯格（Will Smithburg）曾于 1983 年在行业分析家的一片质疑声中成功策划了桂格公司对一路下挫的佳得乐运动饮料公司（Gatorade）的收购。有了收购佳得乐的成功——他以 2.2 亿美元的价格收购该公司，后来发展到价值 30 亿美元——他似乎发现自己具有识别明智收购的天赋。因此桂格公司的董事会批准了他收购思拿多公司的计划。

但是这次收购却被证明是美国公司收购史上最为失败的一次，史密斯伯格也因此失去了工作。桂格公司于 1997 年以三亿美元的价格出售了思拿多公司，而当年的收购价格为 18 亿美元。

为什么收购佳得乐获得了如此的辉煌成绩，而收购思拿多却遭遇失败呢？答案就在于我们具有一种依赖历史先例的倾向,基因决定了我们在作出今天的决策时必然会求助于过去那些类似情境下的决策。只是当我们认识到早先的情况与现在大不相同时,已为时太晚,而且有时根本就意识不到。

错在哪儿呢?答案是我们的记忆出错了。记忆具有选择性,通常只记得一些时间较近的事件而忽略了那些更为遥远的事件,又或者是我们只记得某些创伤性的事件而忽略了那些微不足道的事件。《决策为什么会失败》一书的作者,俄亥俄州立大学管理学教授保罗·纳特说,"今天的境况显示出你对过去的理解。"因此,他指出,桂格公司之所以会决定收购思拿多是因为它将佳得乐的成功收购在很大程度上看作是史密斯伯格的远见卓识,但实际上那仅仅是一次好运罢了。

将当前决策建立在以往先例的基础上会导致很多缺陷。没有人可以不考虑任何记忆的因素就比别人做得更好,因为那是不可能的。研究已经表明,人们会下意识地考虑过去的经验,即使你在表面上漠视这一点。

幸好,我们并不是注定要用历史上的先例来误导今天的决策。其实,专家们也承认,我们需要历史先例来帮助我们适应今天这种关键性商业决策中所涉及的那些难以想象的复杂性。

此外,对过去经验的有效利用也并不复杂,而且也不耗时费力。"你没有必要为了使决策更有序而去攻读决策科学的博士学位。"曾任哈佛商学院教授的约翰

·哈蒙德（John Hammond）这样说，目前他在马萨诸塞州林肯市，并拥有自己的决策咨询公司。

以下是专家们提供的有利于决策的几点重要建议：

交叉核查每个先例事件

为了更好地作出决策，你应该拦截那些最先出现在脑海中的历史事件，对它们进行有效的考核。研究表明，最先显现的记忆更有可能比其他的记忆将你导向一个坏决定。我们通常会无意识地记起一些往事，来巩固我们已经倾向于作出的某项决策。

"这就是棱镜效应（prism effect），"马萨诸塞州坎布雷奇市一家名为内在视角联合咨询公司（Innervisions Associates）的首席执行官杰克·伯瑞嘉（Jack Beauregard）解释道，"我们仅仅回忆那些能够支持我们目前观点的类似事件。"

乔治·华盛顿（George Washington）大学管理科学系教授厄内斯特·H.福曼（Ernest H. Forman），同时也是《目标决策》（Decision by Objectives）一书的合著者，他也认同这一观点。他说："我们都倾向于记住那些成功的事例。"而且，如果过去事件（像桂格公司兼并佳得乐一样）侥幸获得成功的话，我们将被误导得更远。福曼如此描述道："是你具有的了不起的见识创造了最终的有利结果"这一想法"至少会在你的脑海里保存10年"。这种具有独特地位的记忆一旦出现就会排挤所有证明它不再适用的那些逻辑。这是因为大脑倾向于重视那些最先显现的记忆,而轻视后来的某些记忆。这种现象被称为"锚定偏见"(Anchoring bias),哈蒙德说,"这种偏见根深蒂固。"

那么该怎样避免它呢?康乃尔大学(Cornell University)管理研究学院的爱德华·鲁索(J. Edward Russo)教授说:"你可以寻找驳斥这种偏见的证据。首先,迫使自己尽可能罗列出特殊往事与现实不相符合的地方;然后把它与现实的近似之处进行比较;最后,迫使自己想一个最初看起来不那么相似的先例。"接着,试着罗列出尽可能多的或者比第一个事件更多的与当前决策相似的因素。

首先想起来的事件往往在时间上而不是在相似性上距离目前的决策更近。要克服这种"最近行为偏见"(recentness bias),我们至少可以回忆两个在时间上更远、在某个方面比较相似的事件,然后按照鲁索的建议,试着让它们更有效。

肯尼迪总统通过让助手阅读第一次世界大战的历史来克服最近行为偏见,俄克拉荷马州立大学市场营销学教授约翰·莫温(John C. Mowen)说,"肯尼迪总统的目的是让他的助手思考二战以外的历史事件,"而不是他们都亲身经历过的甚至包括总统在内的很多人都参加过的第二次世界大战。

作为肯尼迪总统的继任者,林顿·约翰逊(Lyndon Johnson)总统如果仔细审视了那些具有独特地位的历史事件,那么他也许可以避免越南战争的泥潭。斯坦福大学(Stanford University)传播学访问学者弗雷德·特纳(Fred Turner)建议说,"作为一种练习,我们应该采纳与记忆呈现恰好相反的观点。"这意味着,约翰逊政府"本应该考虑越南是否是他们的敌人,而不是考虑他们自己是否拥有人民的广泛支持——我们现在知道这是一个正确的推断。"

很明显,情绪和个人情感也在很大程度上决定了哪些历史事件最容易在脑海中浮现。另一种减轻这种重要影响的办法是引入更为客观的决策标准,宾夕法尼亚州的金赛集团(Gen Sight Group)建议采取以上这种行动方针。杨森制药(Janssen Pharmaceutica)是强生(Johnson & Johnson)公司的一个下属子公司,该公司战略规划和流程优化副总裁琼·道内利(Jon Donnelly)说,"引入客观的决策标准有助于决策者将情绪和个人感情从对过去经验的回忆中抹除。"目前,该公司已经开始实施金赛集团建议的决策流程。

"在大多数情况下,"道内利说,将情绪和情感因素清除之后,对往事假设的相似性也就从整体上清除了。"假如我们面临投资的选择,要么扩大销售队伍,要么投资额外的临床试验。一个曾经做过实地销售经理或者临床主任的决策者可能会将他的建议建立在五六年前的经验上。在传统情况下，那可能是一个重要的因素——也许是决定性的。然而今天我们必须考虑很多因素——包括财务上和战略上的。事实是，一旦我们确定了相关标准，前销售经理或临床主任将和任何人一样，最初想到的决策先例在目前的适用性都是极小的，甚至是不存在的。"

常识需要验证

金赛集团的总裁迈克尔·梅纳德（Michael Menard）说："我们杜撰或重新创造记忆从而使它们适应目前的需要。"因此，我们应该对那些组织中广泛接受、不再受到质疑的历史事件进行实际的研究。通常，那些被认为是常识的事情往往是"原始"大脑推论的结果——它们是思维进化的产物，因而有时候会受到情感和本能的支配。

梅纳德补充说："虽然无法控制思维进化的结果，但是我们可以运用'分析性'大脑来理解和更好地利用它。"在决策过程中运用"分析性"大脑的关键在于"搜集、管理数据并使相关数据具体化。"

德布易矫形公司（Depuy Orthopaedics）作为强生公司的下属子公司，也参与了金赛集团决策流程的实

施,该公司的研发主任托德·D. 伦德尔(Todd D. Render)说:"数据的美在于它的客观性。你可以用那些让决策者感到选择是显而易见的方式来展示各种因素,比如风险和预期。"

伦德尔承认,他无法量化这种新的决策流程给公司带来的财务收益。"但是我想说的是,每个人——包括市场、研发、运营等—— 都在投入而且每个人都在沟通。我认为这可能就是我们最大的收获。而且我也相信我们正在作出更高质量的决策,因为我们进行了更大的投入。"

这些投入不必是复杂或广泛的。"搜集数据并不意味着你要把一个决策研究到底,"顾问拉瑞·塞吉(Larraine Segil)曾任一家航空公司的首席执行官,目前是洛杉矶一家战略联盟顾问公司拉尔集团(The Lared Group)的合伙人,他说"重要的是进行一些认知筛选,以便让我们从过去的经验中充分地解脱出来,重新进行智力评估。"

鼓励他人挑战你的思维

如果你恳请其他人评论某个特定历史事件的有效性,那么其相关性有可能会更加牢固地树立起来——因为其他人可以轻松地将你认为重要的往事抛在脑后而不予以参照。只是注意不要限制他们的评论,福曼说,"很多首席执行官明确要求别人作简短汇报,'三言两语给我概括一下,'其实这样并没有达到目的。"

总的来说,能够挑战你的往事经验并提出他们自己的相关往事经验的人越多越好,福曼继续说,"特别是当他们的动机与你不同时,这种好处更是显而易见。"尽管如此,有时候决策小组也会演变成"一群老家伙在坐着聊天"。这群人很容易形成"群体思维",这一术语是由已故的决策研究人员欧文·L.贾尼斯(Irving L. Janis)在他 1982 年的经典著作《群体思维》(Groupthink)中提出后开始流行的。贾尼斯向我们演示了决策如何发生重大失误:在决策团队中,如果"一种'我们感觉'(We-feeling)的群体倾向占据主导地位",那么其成员将成为"寻求一致性行为"的牺牲品。

这被称为是跳出条条框框的思维,而这些条条框框就是所有过去的经验。

俄克拉荷马州立大学的莫温认为:相对于个人决策来说,集体决策时产生最近行为偏见等认知偏见的可能性更大。"主导意见会在他人的参与下得到强化。"为了克服这种倾向,莫温说:"你需要一个为争辩而故意持不同意见者。"总部位于洛杉矶的企业软件发展商——知识解决方案公司(Knowledge-Base Solutions)——的总裁和首席运营官詹姆斯·塞吉(James

Segil)说："每次作重要决定时，我们五个合作伙伴中至少有一个人要扮演持不同意见者。"

特纳非常赞同这种通过刻意创造一种唱反调的角色从而鼓励"异端者和异端思想"的决策方式。他说："有些人会自然而然地扮演这种角色。但是在一些大型组织中，如美国电话电报公司（AT&T）和壳牌公司，这些都是有意的安排与设计。"异端者还通过支持激进、不同于任何人选择的方法来帮助决策。"他们促进反向的决策，例如，如果我现在是一个风险投资商，我可能会大力投资网络公司，因为在网络经历了痛苦而难忘的衰退后所有人都已经逃离了这个市场。"

塞吉非常认可这种反向思维的方法。他在两年前创立了现在的公司，当时笼罩在所有决策者心头、深入人心的历史性事件使网络公司溃不成军。"对我来说这是创办公司的绝佳时刻。大多数人都因为害怕而不敢轻举妄动。我们几个采取了行动，而现在看来确实是成功了。"

绝不仅仅依赖先例

特纳宣称："历史，与流行的说法刚好相反，它从来就不会精确地重复自己。回顾过去往往会限制你对未来机遇的感知。"

特纳注意到,壳牌石油是唯一一家预测到20世纪70年代石油价格波动的大型石油公司。为什么呢?"因为当时他们新建的前景规划团队考虑了任何人都认为是不可能的可能性:石油价格可能波动"。这被称为是跳出条条框框的思维,而这些条条框框就是所有过去的经验。

这并不是说我们应该完全抛弃历史事件。鲁索指出,有些人就是这么做的,因为他们认为"一切都已改变"。

最重要的是开发一个流程

令人吃惊的是,在今天这个复杂的全球经济环境中,仅凭直觉而不加仔细思考、以错误的或是不足为信的往事为决策依据的事频繁发生的次数远比你想象得要多。梅纳德说:"美国企业持续忽视正确决策流程的程度令我们感到震惊。"

为了寻求希望——和指导——我们来了解一下位于底特律(Detroit)的通用汽车公司,该公司是美国企业的长期典范。在底特律,通用汽车公司正在实施一项决策流程,该流程的建立以一个决策纪录为核心。通用汽车公司战略倡导主任尼克·普达(Nick Pudar)解释说:这个文件说明关于决策的几个简单但是却很关键的问题。例如,该决策的背景是什么?决策的内容是什么？已经分配了哪些资源？考虑了哪些备选方案但是却没有采用？为什么？作了哪些假设？你所追求的目标产出是什么？该决策到什么时候可以实现？

一旦决策制定并准备正式执行之前，决策者对该文件进行签字确认。

普达说："这真是一次让人恍然大悟的经历。人们不得不变得清醒。这一过程可能是痛苦的，决策者有时不得不紧紧盯着正在填写的文件以确保找出决策不完善的地方，但是他们也可以在脑海中准确地巩固进行中的决策。"

参考阅读

Smart Choices: A Practical Guide to Making Better Decisions by John S. Hammond, Ralph L. Keeney, and Howard Raiffa (1998, Harvard Business School Press)

The Art of High-Stakes Decision-Making: Tough Calls in a Speed-Driven World by John Keith Murnighan and John C. Mowen (2001, Wiley)

Why Decisions Fail: Avoiding the Blunders and Traps That Lead to Debacles by Paul C. Nutt (2002, Berrett-Koehler)

Winning Decisions: Getting It Right the First Time by J. Edward Russo and Paul J. Schoemaker (2002, Currency)

MAKING SMART DECISIONS

明决策

第四部分 发挥直觉的作用

你知道了某些事情,但是却没有意识到你是如何知道它的,直觉便是这样一种思维能力,它能够帮助你作出更加明智的决策。随着当今世界变化节奏的不断加快,许多经理不得不在手头缺乏足够信息的情况下,仅仅依靠直觉来进行一些商业决策。专家们一致认为:为了使你的直觉决策获得最大价值,必须提升直觉的可靠性。

本章的主要目的是为提高直觉的可靠性提供指导。例如,当某一领域出现问题必须进行相关决策,而你又非常了解这一领域,那么直觉将会变得更加准确。因此,在某一领域不断获得经验以巩固专业知识有助于加强直觉的可靠性。通过日记来记录你具有直觉思维时的思想状态也是有帮助的——最终通过把直觉思维与日常的忧虑分离开来达到目的。此外,与一个没有偏见的朋友或者顾问进行交谈,也能检测到你的直觉思维并进一步提高直觉的可靠性。

1. 管理直觉——应该在多大程度上相信它

戴维·斯托弗

1. 管理直觉
——应该在多大程度上相信它

戴维·斯托弗

有关直觉的坏消息就是：关于直觉到底是什么我们并没有达成一致的认识，而且也无法测量某种直觉思维的真正效用。但是我们也有关于直觉的好消息，那就是：尽管我们不了解也无法测量直觉，但是这却不能阻止我们提高直觉思维的能力并充分利用直觉进行决策。

直觉究竟是什么

如果不经过激烈的学术讨论，你就不可能对直觉作出准确的定义。韦斯顿·H.阿戈（Weston H. Agor）是一位研究利用直觉进行商业决策的先驱，他认为直觉就是一种本能。他观察到这样一种现象："就像鸟具有天生的导向模式一样，人类也可以在神经逻辑中留下烙印。"我们通过直觉获得的知识是我们永远都学习不到的,这样一种晦涩的结论使许多其他的研究员感到惊讶——例如,《决策陷阱》(Decision Traps)一书的作者,同时也是沃顿商学院技术与创新中心研究主任,决策策略国际顾问公司(Decision Strategies International, Inc.)创办人暨主席保罗·J. H. 舒麦克(Paul J. H. Schoemaker)就认为:"绝大多数人都认为直觉就是一种预感或者本能,然而在决策研究中,直觉被定义为一种内在的能力,它能够引发某一思维过程从而产生一项决策。"

无论将直觉描述为哪一种生理现象都会遭到大量的质疑。《我们如何知道事实并非这样》(How We Know What Isn't so)一书的作者,康奈尔大学心理学教授托马斯·D. 季洛维奇(Thomas D. Gilovich)在他的书中写道:从本质上说,有关直觉的任何一种非同寻常的观点都超出了评价和分析的范围。在定义直觉的过程中出现了各种各样的困难,《相信你的直觉!》(Trust Your Gut!)的作者理查德·M. 肯蒂罗(Richard M. Contino)认为:我们必须避免"将任何一种思维过程或信念系统贴上标签,因为这种行为会缩小视野,减少选择"。

要想就直觉的定义达成一致,最好的方法就是引用一位作家的话,该作家认为直觉就是"你知道一些事情,但是却不知道你是如何知道它们的";或者按照《韦氏新世界词典》(Webster's New World Dictionary)中

定义的那样:"在无意识的状态下直接知道某些事情。"

什么导致直觉变得日益重要

尽管对直觉的了解并不是很多,但是大多数人仍然认为:相比以前,直觉在今天的商业决策中起到了更大的作用。早在 1991 年,作为埃尔帕索城(El Paso)得克萨斯大学(University of Texas)的教授和全球直觉研究中心的主任,阿戈当时就察觉到"决策类型和公司的内外部环境已经发生了巨大的转变。决策必须更加迅速,而且经常要在信息不完全的情况下进行,因为一旦决策拖延的话,我们就有可能失去市场机会"。此外,阿戈还强调必须"奖励那些对外界环境保持敏锐的能力"。

今天,阿戈的观点已经得到了许多人的回应,包括创新协会(Innovation Associates)主任乔尔·杨诺维兹(Joel Yanowitz),该协会主要是为像宝洁这样致力于提高和应用直觉技能的客户提供相应的建议。乔尔·杨诺维兹认为"今天的领导者必须处理各种不同的机遇和挑战,倡导美好的愿景,并在复杂的环境中采取有效的措施。而直觉就是处理这些和其他相关情况的必需技能。因此,我们相信直觉思维已经成为成功领导者必备的一项技能"。

我们可以在多大程度上信任直觉

有些学者建议在进行直觉决策时要额外小心,康奈尔大学的管理学教授爱德华·卢梭(Edward Russo)便是其中之一,他还主持了有关管理决策的研究讨论会,同时也是《决策陷阱》一书的作者之一(另一位作者是沃顿商学院的舒麦克)。在卢梭的直觉观念中,"人们将当前情况的一些特征与过去一些类似的情况进行匹配,但是他们自己并没有意识到这种匹配的基础是什么。直觉告诉我们在当前的情境中采取某种行动,而这种行动在过去类似的情景下已经产生了积极的效果"。

但是依据直觉采取行动也存在严重的问题,卢梭补充说:"我们将过去情境的某些特点与现在进行匹配,但是这些特点与现在的情境可能相关也可能不相关。你的'匹配'是以相关或者偶尔的重复为基础的。有时它是这样一种情况;而有时它又是另外一种情况。"换句话说,你对某位工作候选人产生不良的直觉判断可能是因为她比较像你原来的一位下属,而原来这位生长在堪萨斯州(Kansas)的下属从来就没有努力工作过。虽然情况很相似,但是却不相关,而且你也不知道它们是不相关的,因为你并没有意识到这种匹配的内在基础。正如卢梭所说的:"感觉是对的,但是你却无法知道到底是不是对的。"

尽管如此,卢梭并没有说:由于前面例子中的匹配是无效的,就说明了直觉思维是无用的。"我们不妨考虑两种情况,一种是你正在学习驾驶汽车,而另一种是经常驾驶汽车。第一种情况下,你必须有意识地思考驾驶的每一个步骤;而第二种情况下,当遇到紧急状况时,你会不假思索地转弯或者踩刹车以避免撞到前面的汽车。"

卢梭认为,有经验的经理在他们的工作领域中肯定具有这样的"自动专业知识"(automatic expertise)。"但是必须明白,你过去的经验是否与现在的情境相关,即使相关,还必须弄清楚原来的经验现在是否依然适用。"他以一个医药公司的高层主管为例,该主管曾经否决了一项经过市场调研而发起的销售计划。这名主管认为自己已经从事药品销售 15 年了,而且了解医生,他的直觉告诉他,医生不会像市场调研计划中描述的那样采取行动。然而问题恰恰就是,他的建议在 20 年前的销售行业中也许是正确的,但是他没有意识到他的这些"自动专业知识"已经过时了,而且下属出于某些原因也不会主动告诉他这个事实。

卢梭认为直觉就是"自动专业知识"的观点得到了一些研究的支持。例如,1989 年的《今日心理学》(*Psychology Today*)就有一篇文章引用了他的观点,作者在这篇文章中写道:"研究者已经发现:具有直觉思维的人具有一个关键的特质。在那些需要决策的领域中,他们都是专家……这些心理学家认为,精通某个特定领域是直觉思维能力发挥作用的主要原因。"

所有的研究者都认为,"精通某个特定领域"是直觉发挥作用的一种重要途径。它是科学奇迹和创新的源泉:人类洞察力的自然爆发能够突破所有现实与虚拟

> 可靠的直觉火花
> 来自于
> 对某个领域的精通

的障碍,最终取得不朽的进步。爱因斯坦曾经说过:"仅仅依靠理性思维,我将无法深刻理解宇宙的基本法则。"

康奈尔大学的季洛维奇教授认为:"我们可以信任与科学发现相关的那种直觉。"但是他对那些认为直觉就是突破性思维的主张持怀疑的态度,比如说他就不认同目前最盛行的一个观点:知名企业的成功是通过企业家的直觉信念实现的。他认为,即使不是绝大多数,也有相当一部分人忽略了一个必然的结果:这样的投机行为最终会悄无声息地迅速消失。

肯蒂罗赞成季洛维奇关于科学研究领域之外的直觉不能被检测的观点,但是他宣称:"不能被检测并不

意味着不予考虑。我经常发现一些商人有足够的魄力,他们通常凭借直觉来提倡一种观点,而不像其他一些商人,非得以数据说话才行。那些完全依赖数据的商人往往会说,'忘掉你的感觉,仅仅告诉我事实就行'。"

即使是那些极力鼓吹利用直觉进行商业决策的人也会承认:在决策中仅仅依靠直觉是不明智的,除非时间与环境所迫。乔尔·杨诺维兹说:"你应该同时使用逻辑思维和直觉思维。我把直觉作为另外一种数据形式,像任何数据一样,你会思考仅仅依靠直觉是否足以作出相关的决策。对于一个大型决策来说,直觉通常都不是充分的,所以你还必须搜集其他的数据来检测直觉思维的有效性。"

如何提高直觉思维能力

没有任何一位专家表示,也没有任何一项研究表明:我们不能提高直觉思维能力。不幸的是,也没有任何一致的证据表明:我们可以通过某种工具或技术来提高直觉思维能力。下面这些步骤可以有效提升直觉思维能力:

获取专业知识

有些人宣称直觉思维能力仅仅来自于对某个领域的精通，他们认为在某个特定领域获取更多的经验是提升直觉思维能力的唯一途径。沃顿商学院的舒麦克认为：直觉就是"将知识冻结成习惯。要培养你自己玩直觉高尔夫球的能力，例如，通过不断训练并追踪结果反馈来达到目的"。

集中注意力，保持舒适的感觉

"人们通常熟悉一些特定的环境，在这些环境中他们更容易获得直觉思维的火花，"创新协会的杨诺维兹说，"对于某些人来讲，也许是在小树林里散步的时候，而对于其他一些人也许是驾驶汽车的时候，或者是听歌剧的时候。尽量把自己放在那些容易激发直觉思维的环境中。"

写日记

肯蒂罗律师说写日记"已经使我更加了解自己的直觉思维过程，而且这些习惯在很大程度上已经成为日常生活的一部分。日记有助于记录我在进行直觉思

维时的思想状态,而且现在把我自己放到熟悉的环境中能够很容易地激发这种直觉思维"。杨诺维兹也认为:保持写日记或写周记的习惯,在经过一段时间以后,这些记录"能够帮助你从那些担心、恐惧和漫无目的的空想中整理出直觉思维的火花"。

讨论

康奈尔大学的卢梭教授认为:"通过与一位没有偏见的顾问或朋友讨论选择与偏好问题"有助于发掘直觉思维的火花,"一种不同的观点可能表明了你正朝着正确的目标前进,或者也可能表明了你一直都在愚弄自己"。一些学者建议这一步骤应该与不熟悉决策领域的人进行。举例来说,如果直觉决策与工作有关,那么你可以与配偶或者其他的家庭成员进行交谈,此时,他(她)很可能没有自己想要表达的话题,而又十分熟悉你的行为和思维过程,所以当你的直觉火花迸现的时候,他(她)很容易感受到。

仅仅通过一篇简单的文章是不可能把某一话题的来龙去脉说清楚的,尤其是商业决策中直觉思维这种复杂且矛盾的话题。但是创新协会的杨诺维兹就曾一针见血地指出:"在危险的时候,你忽略了你的直觉,并且盲目地采取行动。"

参考阅读

Decision Traps by Paul J. H. Schoemaker and J. Edward Russo (1990, Simon & Schuster)

How We Know What Isn't so by Thomas D. Gilovich (1993, Free Press)

Trust Your Gut! by Richard M. Contino (1996, AMACOM)

2. 毫不犹豫地决策——与安迪·格鲁夫的谈话 ……

2. 毫不犹豫地决策
——与安迪·格鲁夫的谈话

作为英特尔公司的主席与创建者之一，安迪·格鲁夫（Andrew Grove）认为：当一个公司的愿景发生转变并因此改变了它的战略模式以后，这家公司就仿佛开始了一次旅行，从一个山顶到另一个山顶，而中间必须经过一个峡谷——我们称之为"死亡之谷"。领导者如何才能冲破重重迷雾，带领公司向着那个正确的山峰努力呢？当公司对未来发展方向充满不确定的时候，领导者如何才能指引并鼓舞其他人呢？

格鲁夫最近刚刚出版了他的自传——《游到彼岸》（Swimming Across）。此前，他与哈佛商学院教授克莱顿·克里斯滕森（Clayton Christensen）以及哈佛商学院出版社的主编沃尔特·基切尔（Walter Kiechel）就目前商业领导者遇到的这些问题以及其他相关问题进行了讨论。

沃尔特·基切尔：你曾经说过目前的高科技公司，包括英特尔在内，正在经过一个"死亡之谷"。那么英特尔公司目前正处于哪个阶段呢？

安迪·格鲁夫：整个计算机行业已经经历了一次从大型机和集中式计算模式到单片机和分散式计算模式的重大结构变革，这次变革极大地推动了我们的业务增长。而且，这次变革确定了整个计算机行业的布局、增长机会以及压缩软件的发展。

目前，这种架构正在发生变化。因特网不仅重新定义了软件，而且重新定义了计算与沟通的角色，以及它们之间的互动模式。现在，我仍然不能理解这种新的架构；同时我也相信没有人能够真正地理解它。但是它在某些方面却是相当清楚的，实践已经证明了因特网并不是基于计算而是基于沟通的。就它本身而言，计算是从属于沟通任务的，它将在很大程度上受到日益增长的知识产权的主导，这种知识产权以数字形式出现，并在数字平台上进行分类整理，因此也可以通过数字形式进行传输。

沃尔特·基切尔：从一种商业模式转到另一种商业模式是考验领导力的一个巨大挑战，尤其是在这样一个不断出现技术革命的行业中。那么，你是如何应付这种情况的呢？

安迪·格鲁夫：没有一个人能够真正理解我们应该走向何方。当然，我也不能理解，仅仅是有所感觉。但决策却是不能犹豫的；投资决策或者人事决策都不能拖到整个前景都变得清晰以后再进行。在必须进行选

择的时候你就应该毫不犹豫地作出决策。而且即使处在变革的过程中,我们也不应该太过沮丧,因为不存在职业上的责任。如果感到沮丧的话,你就不可能激励员工采取相应的措施以不断向目标迈进。所以即使你不明白你们正在做什么也必须始终保持斗志昂扬的精神状态。

克莱顿·克里斯滕森:*如果回顾历史上那些成功发起了新的分裂增长业务的公司,你会发现这些公司都是由创建者自己经营的。作为公司的创建者,本身是否存在某些因素使你在作出非理性决策或者直觉决策时更有信心呢?*

安迪·格鲁夫:我认为:作为领导者,在面对死亡之谷时要表现得更加自信,并且要从内心真正地建立自信。如果你暗中相信:因为你已经来公司很长时间了或者是因为人们认为公司就好像是你的孩子——你的兴趣就是整个组织的兴趣——所以你会获得整个组织的支持。如果你是公司的创建者或者是主要出资者,这种情况更有可能发生,因为公司的命运已经与你息息相关。其次——而且有一点复杂——如果你是一项业务的创建者,就可以更好地理解业务,你甚至可以通过你的每一寸皮肤来感受它。

如果是一名外部经理(outside manager),那么你也许可以胜任许多事情,但是却不具备足够的业务知识。所以在进行直觉决策时你就不可能有足够的信心。这就是一个直觉思维的过程,因为相关的数据和证据都不具备。

克莱顿·克里斯滕森：我们所教授的这种方式存在一个问题,那就是：如果一个学生在课堂上发表了一个没有基于案例本身数据的评论,那么导师通常的做法就是否定这一评论。正是由于这一原因,所以人们通常会高估那些依靠数据作出的决策的作用。而且当学生毕业进入咨询公司工作以后,他们也发现必须以数据分析为基础来作出相应的决策。因此,在许多方面,这一整套的教育模式都迫使经理在游戏结束之后才开始采取行动。也许你不能教授直觉,但是可以运用直觉。

安迪·格鲁夫：你可以提升你的直觉思维能力；也可以利用人类这种与生俱来的能力去理解那些无法用语言来表达或者无法通过数据来表明的信息,这些信息往往反映了与决策有关的一些模糊的属性。把一些人放到他们可以发挥直觉能力的岗位上,但是必须保证经过提升后,这些人能够充分地了解所处的环境,但是那样又刚好回到你提出的那个问题了。高层领导者必须充分了解自己的主张而且要有足够的信心。

沃尔特·基切尔：一味地追求管理的科学性已经

阻碍了领导艺术的发挥吗？

克莱顿·克里斯滕森：我认为科学管理思潮已经影响了我们20多年。我希望我们能够开发出某种特殊的教学方式来培养人们对于未来的直觉能力，如果你一味地以过去作为参考，那么情况将会变得非常艰难。

安迪·格鲁夫：我认为你应该在商业战略的背景下提出这个问题。因为在那种背景下，是通过科学方式制定战略还是通过直觉方式制定战略，这两者之间存在一个问题。但是我认为，我们不应该忘记，经营一家企业绝不仅仅只有战略的问题，不论这家企业是大是小。过去15年里在质量控制和制造技术领域所发生的革命都是由数据、系统以及统计上的过程控制来共同推动的。美国经济在过去15年里已经获得了难以置信的增长，而且这种增长并不是因为战略的改变，而仅仅是靠实现制造与质量控制的科学管理达到的。

识别"做哪些事情"是重要的，但是"把事情做好"与"做事情"是同等重要的。而且在第二种情况下，我们首先要考虑的就是一种科学、基于数据的做事方式。

沃尔特·基切尔：我们已经讨论了创建者的领导力，那么在不断出现会计丑闻的年代，公司的领导力以及公众对它是否信任呢？表面上的情况是：整个公司内部目前都处于死亡之谷中。

克莱顿·克里斯滕森：对于那些耸人听闻的会计丑闻，我有自己的解释。我认为主要责任在于经济学家，因为是他们提出了"委托－代理理论"，该理论认为，扮演代理人角色的经理是不值得信任的，他们不会主动按照股东的意志来经营业务，因为两者追求的目标不同。你必须尽量地授予管理团队以股票期权作为他们的薪酬，通过实现经理与股东两者利益的一致化，来激励经理们更多地从股东的角度来经营公司的业务。

安迪·格鲁夫：潜在的假设就是股票期权是解决代理问题的一种手段，它能够使管理层与所有者或者高层经理的利益达成一致。当人们拥有了一个主要上市公司20%的股份时，他们就会给自己两千万美元的"认股权"(share options)。你可能会告诉我："当我拥有了20%的普通股时，我不会像其他人那样行动，我需要两千万的普通股来克服激励性障碍(motivational hurdle)。"

当你拥有一家公司，而在这家公司中几乎所有的员工、专业人员或管理人员都是股票期权持有者或者股票所有者，通过这种激励使得他们更加会从公司的利益出发来考虑采取某些行动，从而使整个组织运转得更好。所以当你观察股票期权的使用和那些将50%

的期权都授予了五位高管的公司时,你将会看到一种情况。但是当你把公司90%或者95%的期权授予了全体员工而不仅仅是高管时,又会看到另外一种情况。所以说股票期权并不是罪魁祸首;而是你如何运用期权——授予谁期权并授予他们多少——才是影响它们如何起作用的真正变量。

沃尔特·基切尔:当授予一位CEO两千万的普通股时——大多数会问这样一个问题:董事会的作用是什么呢?一直以来你都在思考如何改革董事会,那么目前的想法是什么呢?

安迪·格鲁夫: 迫于压力,董事会正慢慢地朝着正确的方向迈进。但是目前的董事会却是这样一种情况:他们几乎是作为CEO的一个智囊团,由CEO任命、对CEO负责、对CEO将要采取的措施与行动进行论证与审核,以及在运行过程中提供相关建议——从实际意义上来说,董事会在更大的程度上扮演着咨询专家与科学顾问的角色。而真正的公司治理结构应该是另外一种形式:CEO由董事会任命、维持和更换,并最终通过董事会监督。

所以你应该明白:理想的公司治理结构应该是什么样的,而实际情况又是怎样的。但是就目前情况来说,两者之间是完全相反的。尽管目前董事会已经由智囊团的模式开始向正确的治理结构模式转变,但是仍然有一段很长的路要走。究竟还有多长的距离呢？我们可以从财富榜上的500强公司中窥见一斑——在这些公司中，有85％的董事会主席与CEO是同一个人。

如果董事会主席和CEO是同一个人的话，那么董事会究竟通过何种方式才能对CEO进行监督呢？

作者简介 ......

作者简介

洛伦·加里(Loren Gary)：哈佛大学(Harvard University)肯尼迪政府学院公共领导中心(the Center for Public Leadership)《指南》(Compass)杂志的商业编辑。

费边·德索扎(Fabian D'Souza)：医学博士，工商管理硕士，现任一家总部位于波士顿的国际管理咨询公司的主任。

杰弗里·L.赛格林(Jeffrey L. Seglin)：艾默生学院副教授，《正确的事情：当今商业世界中的道德、利润和个人责任》(The Right Thing: Conscience, Profit, and Personal Responsibility in Today's Business)一书的作者。

彼得·雅各布斯(Peter Jacobs)：文学硕士，Wellesley 杂志"自由商业"专栏作家。

劳伦·凯勒·约翰逊(Lauren Keller Johnson)：《哈佛管理前沿》的作者之一。

亚德里安·斯莱沃斯基(Adrian Slywotzky)：美世管理咨询顾问公司(Mercer Management Consulting)的部门经理，也是"在市场不景气的情况下如何发展"(How to Grow When Markets Don't)一文的作者(《华纳商业周刊》,2003)。

保罗·米歇尔曼(Paul Michelman):《哈佛商业评论》的执行主编。

尼克·摩根(Nick Morgan):《哈佛管理前沿》的作者之一。

约翰·金策(John Hintze):纽约的商业与财务新闻作家。

戴维·斯托弗(David Stauffer):美国蒙大拿州 Red Lodge 镇的作家。

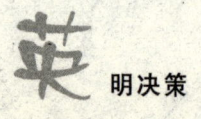